요즘 육아

BOOK
JOURNALISM

# 요즘 육아

발행일 ; 제1판 제1쇄 2024년 6월 10일
지은이 ; 곽연선  발행인·편집인 ; 이연대
CCO ; 신아람  에디터 ; 김혜림
펴낸곳 ; ㈜스리체어스 _ 서울시 중구 퇴계로2길 9-3 B1
전화 ; 02 396 6266  팩스 ; 070 8627 6266
이메일 ; hello@bookjournalism.com
홈페이지 ; www.bookjournalism.com
출판등록 ; 2014년 6월 25일 제300 2014 81호
ISBN ; 979 11 93453 27 8 03300

북저널리즘은 환경 피해를 줄이기 위해
폐지를 배합해 만든 재생 용지 그린라이트를 사용합니다.

BOOK
JOURNALISM

# 요즘 육아

곽연선

; 연애조차 시작할 여유가 없는데도 연애, 결혼, 출산을 선택한 이들이 있다. 바로 밀레니얼 부모들이다. 육아는 밀레니얼 세대의 번아웃에 불을 지르고 있다. 밀레니얼 부모들이 느끼는 위기의식과 고통이 무엇인지 먼저 생각해 보자. 왜 요즘 세대는 아이를 낳고 기르는 것이 힘들다고 느낄까? 저출산이라는 국가적 위기에 대응하려면 지금 밀레니얼 부모를 읽어야 한다.

## 차례

아이를 낳는 게 이상한 시대

## 전통적인 생애 주기의 붕괴

2022년 통계청은 출산율이 2024년 최저점을 찍고 반등할 것으로 봤다. 1990년대생의 등장 때문이다. 1990년대 초반 출생 인구는 70만 명 대로, 그 수가 많기 때문에 이들이 출산할 나이가 된다면 자연스럽게 태어나는 아이도 많아질 것이라는 예측이었다. 이에 1990년대생들은 자신들의 현실과 특성을 무시한 발언이라며 당황스러움과 분노를 표했다. 이들은 출산은커녕 결혼도 하지 않고 있기 때문이다. 해당 예측치를 발표한 통계청 직원은 기존의 당연시되던 일반적인 생애 주기, 특정 연령에 도달하면 결혼, 출산, 육아를 경험하리라는 것을 전제로 두고 말했을지 모른다.

20대에 취업하고 결혼해, 30대 초반에 출산, 육아를 경험하는 이전의 생애 주기 모델은 밀레니얼 세대에게는 통하지 않는다. 생애 주기에 따른 사회적 시계는 한없이 지연됐다. 혹은 사회적 시계에 맞게 과업을 수행하는 것은 개인 선택의 문제가 됐다. "결혼은 고급재, 출산은 사치재"라는 말이 있을 정도다. 청년들은 결혼할 여력도, 더 나아가 출산과 육아를 할 여유도 없어 최대한 미루고 있다.

2022년 기준 통계청 조사 결과에 따르면, 청년 세대에 해당하는 19~34세 인구 중 대부분인 82퍼센트가 미혼이다. 평균 초혼 연령도 30년간 약 5세 증가했다. 1992년 남자 28.0

세, 2022년 33.7세로 약 5.7세 증가했으며, 1992년 여성 24.9세, 2022년 여성 31.3세로 약 6세 이상 증가했다. 30년 만에 20대 중후반에 결혼하던 추세에서 30대 초중반에 결혼하는 것이 대세가 된 것이다.

## 기성세대와 청년 세대의 간극

기존의 생애 주기를 따르지 않고 자신만의 길을 선택해 가는 밀레니얼 세대의 모습을 보며 기성세대는 의문을 표하기도 한다. 워낙 사회적 시계가 늦어지다 보니, 기성세대는 20대 취업, 30대 결혼 출산, 내 집 마련과 같은 사회적 과제를 제때 하지 않는 요즘 청년들이 다소 게으르거나, 이기적이라는 생각이 들기도 한다. '20대 후반인데 취업은 했나?', '30대인데 늦기 전에 결혼해야지'라는 이야기는 명절 금기 질문으로 꼽힌다. 저출산으로 인해 국가적 위기 상황이라는데, 개인의 안락함이나 자유를 위해서 아기 낳기를 꺼린다는 건 요즘 젊은 세대들이 너무 이기적인 것 아닌가.

이와 관련해 결혼할 생각이 없는 자녀를 둔 60대 여성 A씨는 다음과 같이 말했다.

"요즘 세대들은 경제적 부담으로 인해 결혼, 출산, 육아를 미루거나 포기하던데. 우리 때만 해도 결혼했을 때부터 완벽히 갖춰놓고 시작하지 않았어요. 어려운 살림이었지만, 두 명 정도는 아이를 낳아야겠다는 생각을 하고 있었어요. 형편은 어려워도 아이를 잘 키웠어요. 옛 속담에 '아이는 자기 먹을 것을 갖고 태어난다'는 말도 있는데, 그 어느 때보다 풍족한 시대에 요즘 세대들은 결혼하고 아이 낳는 것을 왜 이렇게 어렵고 힘들게 생각하는 것인지 도통 이해가 안 되네요."

기존 제도들의 설계는, 이전의 인구 행동 특성을 바탕으로 만들어진다. 하지만 그 제도와 서비스 모델은 현재와 미래 세대의 급격한 가치관의 변화, 변화된 특성을 그만큼 빠르게 반영하지 못한다. 앞서 통계청에서 향후 출산율이 반등할 것이라고 예상했는데, 그 원인을 1990년대생 출산 가능 인구의 증가로 짚었다. 기존 데이터에 의하면 통계에 따른 예측은 유효했을 것이다. 그러나 지금은 다르다. 현재의 젊은 세대가 인식하는 심리적 현실을 감안한다면, 예측은 빗나갈 수밖에 없다.

청년들이 인식하고 있는 미래에 대한 전망, 처한 현실에 대한 이해가 전제되지 않은 출산 관련 제도는 효과적일 수 없다. 기성세대가 어려움 속에서 아이를 낳아 길렀으니, '국가를 위해서라도 아이 두 명은 낳아야 한다'는 당위가 젊은 세대를 설득할 수 있을까? 제도와 당위만으로 접근하는 출산 제도는 밀레니얼 세대의 반감만 부를 뿐이다.

"'당신이 애를 낳지 않기 때문에 우리나라가 망할 것입니다'라고 이야기하는 건 그냥 요즘 젊은 사람들 말로 하면 1도 타격이 없는 말이에요. 일단 내가 위기라니까요. 내가 위기인데 지금 국가를 위해서 희생하라고 하면 누가 말을 들어요."[1]

## 저출산은 개인의 합리적 선택의 결과

출산과 육아는 지극히 개인적인 선택이지만, 개개인의 선택이 모여 집단적인 선택이 되고 사회 트렌드가 된다. 그 결과 우리나라에서는 '집단 자살' 수준의 심각한 초저출산을 겪고 있다. 물론 국가적 차원에서 저출산은 분명한 재앙이다. 개인적인 차원에서는 저출산은 단지 개개인의 합리적인 선택, 환경에 적응적인 선택의 결과일 수 있다. 출산과 육아가 개인의 선택이라고 해서 출산, 육아에서 발생하는 부담을 오로지 청년 개인 탓으로 돌리고 이들에게만 책임을 물어서는 안 된다. 왜 청년들은 저출산을 합리적인 선택으로 생각하는 것인지, 사회가 청년들을 출산은 엄두도 내지 못하는 열악한 환경으로 내몬 것은 아닌지 되물어야 한다.

청년들이 느끼는 세상에 대한 인식이 달라졌다. 열심히 하면 미래에 충분히 보상받을 수 있는 시대, 급격하게 성장하던 시대는 갔다. 가족주의적, 집단주의적 가치관도 깨졌다. 저성장 시대에 접어들며, 미래에 대한 불확실성과 불안감이 높아졌다. 고용은 불안정해지고, 근로 소득은 제자리걸음인데, 물가는 나날이 오르고, 집값은 더욱 올랐다. 그 어느 때보다 불안한 청년 세대다. 지금은 재생산에 대한 욕구보다 더 먼저인 생존 욕구가 더 두드러지게 나타난다. 이런 상황에선 결혼, 출산이 오히려 개인의 삶을 위협하는 요소로 인식된다.

미래에 대한 부정적 전망과 경제적 불안으로 인해 청년들 사이에서는 출산은커녕, 연애도 하지 않는 사람들도 늘고 있다. 한국보건사회연구원에 따르면 1991년 18~34세 미혼 남녀의 이성 교제 비율은 53.9퍼센트였지만, 2021년 19세~49세 29.4퍼센트로 급감했다. 2022년 인구보건복지협회 연구에 따르면 19~34세 미혼 청년 인구의 3분의 2가 연애를 하고 있지 않다. 이 중 70퍼센트는 자발적인 비연애 상태. 연애를 하지 않는 청년 중 53퍼센트는 앞으로도 연애 의향이 없다고 답했다.

연애도 부담스러운 시대다. 청년 세대는 연애가 결국 결혼, 출산의 출발점이라고 생각해 굳이 시작해서 부담을 느끼고 싶지 않다. 2022년 12월 KBS 〈시사직격〉에 출연한 20대 교사 B씨는 비연애주의, 비혼주의를 선언했다. 그녀는 "연애로 시작해서 결국 결혼하고, 결혼하게 되면 출산할 것으로 생각하니까, 일련의 과정을 하나의 시리즈로 생각해서 그 시리즈 자체를 아예 시작 안 하는 경향이 있다."고 말했다.

연애, 결혼, 출산을 원하지 않는 밀레니얼 세대가 늘어나고 있지만, 이는 단순히 자유로운 삶을 추구한다거나 기존의 사회적 규범에 반발하기 위해서는 아니다. 당장의 취업 준비, 직장 생활로 이미 심신이 지쳐 있기에 연애와 결혼이 시간 낭비라고 인식되거나 그럴 여유 자체가 없는 것에 가깝다. 쉬지 않고 경쟁하고 불안에 시달리는 요즘 밀레니얼 세대를 '번 아웃 세대'라고 일컬을 정도로 요즘 청년들은 지쳐 있다.

2019년 1월, 최재천 교수는 《경향신문》과의 인터뷰에서 다음과 같이 말했다. "지금 한국 사회에서 아이를 낳지 않는 선택이 스트레스 상황에서 벗어나려는 개인들의 '최선의 선택'일 수 있다. 지구상의 어떤 생물 종을 보더라도 환경이 살기 좋으면 개체 수를 늘리고, 환경이 척박하면 생존을 위해 개체 수를 줄이는데 인간의 경우도 크게 다르지 않다." 장대익 교수 역시 자신의 저서 《아이가 사라지는 세상》에서, 저출산은 병리적 현상이 아니라 하나의 적응적 현상이라고 말했다. 치열한 경쟁 환경에서는 본능적으로 자기 자신에게 자원을 투자하는 것이 더 좋은 전략이기 때문이다.

청년 세대가 처한 환경과 심리적 상황, 달라진 가치관을 파악해 보면 이들을 이해할 수 있고, 해결의 실마리가 보인다. 새로운 세대의 가치관 변화, 달라진 사회의 모습에 맞게 제도의 설계도 달라져야 한다. 2022년 약 50조 원 이상의 저출산 예산이 배정되고, 2006년부터 2022년까지 총 322조 원의 예산이 투입됐지만, 출산율은 나날이 더 낮아지고 있다.

연애조차 시작할 여유가 없는 청년 세대 중에서도 연애, 결혼, 출산을 선택해 육아하는 이들이 있다. 바로 밀레니얼 부모들이다. 결혼, 출산, 육아에 대한 막연한 두려움과 걱정을 극복하고 이를 선택한 이들이다. 육아는 밀레니얼 세대의 번아웃에 불을 지르고 있다. 과연 밀레니얼 부모들이 느끼는 삶에서의 위기의식과 고통은 무엇일지 먼저 생각해 보자. 왜 요즘 세대는 아이를 낳고 기르는 것이 힘들다고 느낄까? 밀레니얼 부모들을 통해서 청년들의 자연스러운 출산과 육아를 가로막고 있는 현실적인 장애물은 무엇이고, 청년들이 갖고 있는 막연한 출산에 대한 두려움의 원인을 파악할 수 있다.

저출산이라는 국가적 위기에 대응하기 위해서는 시각을 달리 해야 한다. 개개인을 통계적 숫자로 보거나 '출산'의 도구로 접근하는 것보다 심리적 관점에서 밀레니얼 부모들을 이해하는 편이 나은 것이다. 밀레니얼 세대 부모가 가진 이전과는 다른 니즈needs, 그리고 그들만의 삶의 방식을 파악해야 한다. 기성세대의 관점이 아닌, 그들의 관점에서 한 번 살펴볼 시점이다. 결혼 출산 관련 제도를 설계할 때도 기존의 결혼과 출산, 4인 가구라는 전통적 가족 프레임frame에서 벗어나 이전과 달라진 밀레니얼 세대들이 처한 사회 경제적 환경, 달라진 삶의 방식에 맞는 제도를 설계할 필요가 있다. 변화에 따른 어려움을 개선하려는 시도가 선행돼야 한다. 그를 위해, 우리는 지금 밀레니얼 부모를 읽어야 한다.

1            밀레니얼 부모가 온다

## 요즘 밀레니얼 부모

밀레니얼 부모의 전형적인 모습은 어떨까? 2020년 3월 구글 소비자 인사이트 분석 보고서에 따르면, 전형적인 밀레니얼 부모는 아파트에 거주하고(80퍼센트) 한 명의 자녀를 둔 3인 가구로(63퍼센트) 맞벌이를(65퍼센트) 한다.[2] 밀레니얼 세대는 부모 세대인 베이비부머 손에 자라면서 어렸을 때부터 사교육 열풍을 겪으며 성장했다. 덕분에 밀레니얼 세대의 대학 진학률은 70~80퍼센트대로 매우 높게 나타난다. 이들은 학력은 높지만, 저성장 시대에 사회로 진출하면서 극심한 취업난을 겪었다. 대졸 신입 기준 신입 사원 연령도 2008년 금융 위기 시절 27세 대비 2020년 31세로 나타난다. 30대 초반이 돼서야 겨우 취업할 수 있었던 것이다. 이들은 치열한 스펙 경쟁을 경험하며 어렵게 사회에 첫발을 들였다.

취업하고 직장에서 자리 잡는 시기가 늦춰지면서 결혼하고 출산하는 시기도 미뤄졌다. 요즘 신혼부부의 절반 이상은 맞벌이다. 부부 모두가 각자 직장에서 적응하고 안정적으로 자리 잡기 위해서는 더 많은 시간이 소요된다. 요즘 부모의 평균 나이는 2022년 기준 아빠는 36.0세, 엄마는 33.5세다. 2012년 기준 평균 나이가 아빠는 34.3세, 엄마는 31.6세였다는 것을 고려한다면, 모두 약 2세 증가한 숫자다. 연령대별 출산율 추이를 살펴보면, 최근 20대 중후반 여성 출산율이 급감

## 모의 평균 출산 연령

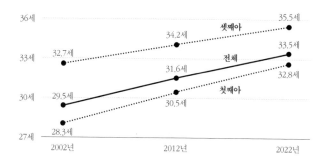

| | 2002년 | 2012년 | 2022년 |
|---|---|---|---|
| 셋째아 | 32.7세 | 34.2세 | 35.5세 |
| 전체 | 29.5세 | 31.6세 | 33.5세 |
| 첫째아 | 28.3세 | 30.5세 | 32.8세 |

## 모의 연령별 출생아 비중

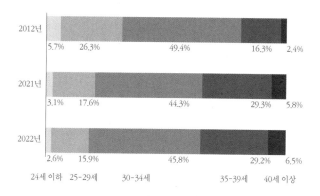

| | 24세 이하 | 25-29세 | 30-34세 | 35-39세 | 40세 이상 |
|---|---|---|---|---|---|
| 2012년 | 5.7% | 26.3% | 49.4% | 16.3% | 2.4% |
| 2021년 | 3.1% | 17.6% | 44.3% | 29.3% | 5.8% |
| 2022년 | 2.6% | 15.9% | 45.8% | 29.2% | 6.5% |

하면서 35~39세 출산율이 20대 중반 출산율을 추월했다. 반면 40대 초반 여성 출산율은 역대 최고 수준을 기록했다. 30대 초중반에 첫아기를 낳는 비율이 대부분인 70퍼센트를 차지한다. 특히 서울의 경우엔 지속적으로 증가해 2022년 기준 서울 엄마 평균 초산 연령은 34.4세로, 고령 산모 기준인 35세에 가깝다. 고령 산모들이 많아지면서 자녀를 여러 명 낳을 가능성도 점점 낮아지고 있다.

요즘에는 결혼 후 바로 부모가 되지 않는다. 결혼하고 '요즘 부모'가 되기까지는 많은 고민과 시간이 필요하다. 결혼 5년 차 30대 C씨는 결혼 선물로 아기 육아 용품을 선물 받았다. 아기가 생겼다는 소식을 들은 것도 아니고, 실제 아기가 생긴 것도 아니다. 지인은 결혼했으니 곧 아기가 생길 것이라는 축복하는 마음으로 선물을 줬다고 한다. 받은 육아 용품은 4년이 지난 지금도 이사 다닐 때마다 다른 짐과 함께 실려 옮겨 다니고 있다. C씨는 주변에서 '아기 생각은 없느냐'고 물어보면 "마음의 준비 중"이라고 말한다.

결혼 후 바로 아기를 가졌던 과거에 비해, 결혼 후에도 아이를 갖기까지의 기간이 점점 늘어나고 있다. 2022년 통계청 기준, 신혼부부가 결혼해 첫 아이를 출산하기까지 소요되는 평균 기간은 2.5년이다. 2012년에는 결혼 후 2년 내 자녀를 가진 경우가 가장 많았지만(40.5퍼센트), 2020년 기준 2~5

년 미만이 40.6퍼센트로 가장 많았다. 즉, 요즘 신혼부부의 대부분은 결혼 뒤 2~5년 사이에 자녀를 갖게 된다. 취업, 결혼도 쉽지 않았지만, 맞벌이로도 힘든 밀레니얼 부부들에게 아이를 낳는다는 결심은 많은 고민과 준비가 필요하다는 것을 보여 준다.

### 두 명만 낳아도 애국자

결혼 연령이 높아지면서 아이를 간절하게 갖고 싶어도 낳지 못하는 사람들도 늘고 있다. 고령 임신이 늘면서 매년 난임 부부는 10퍼센트씩 증가하고 있다. 건강보험심사평가원에 의하면 2018년 불임 환자 수는 22만 7922명에서 2022년 23만 8601명으로 4.7퍼센트 증가했다. 그중에서도 가장 불임 환자가 많은 연령은 71.8퍼센트인 30대, 그중에서도 30~34세가 많았고, 그다음은 35~29세 36.4퍼센트, 40~44세가 31.1퍼센트에 해당했다.

　　행여 어렵게 부모가 되더라도 둘째는 없다. '하나만 낳아 잘 기르자'는 외동 선호 현상은 이미 보편적이다. 30대 초반에 결혼해, 약 2년간의 신혼 생활을 지낸 후 아이를 낳게 되면 이미 30대 중반이다. 실제 출생아 중 첫째의 비중이 점점 늘면서, 그 비중이 60퍼센트에 가까워졌다. 첫째의 비중은 2002년 48.7퍼센트, 2012년 51.5퍼센트, 2022년에는 58.2퍼센트로 사상 최대치다. 2002년에는 출생아 중 둘째 이상 비중이 첫째 비중보다 더 높았지만, 2022년에는 출생아 중 첫째 비중이 둘째 이상 비중보다 더 높게 나타난다.[3]

사람들은 둘째를 안 낳는 것일까, 아니면 못 낳는 것일까? 한국개발연구원의 2021~2022년 설문 조사 결과에 따르면 25~49세 미혼 청년들은 2.09명을 이상적인 자녀 수로 답했다. 즉, 사람들은 4인 가구를 이상적인 가족의 형태로 보고 있다. 그러나 만혼이나 경제적 부담, 돌봄 부담으로 인해 '못 낳는' 게 현실이다. 당시 24개월 아기를 키우고 있는 40대 직장인 여성 D씨에게 "둘째는 안 낳으세요?" 하고 물었더니 다음과 같은 답이 돌아왔다.

"아기가 크면 보내 달라는 학원도 보내야 하고. 저희 노후도 대비해야죠. 아기 한 명 낳아 기르는 데 드는 비용이 무려 몇억 원이라고 하는데, 저희 부부 둘 다 나이도 있고 부담이 돼서 둘째 생각은 접었어요. 나이만 조금 더 젊었다면 도전해 봤을 것 같아요."

향후 들어갈 사교육비, 부모 자신의 노후 자금까지 마련하려면 둘째를 낳아 기를 엄두가 안 난다는 것이다. 게다가 둘째를 기르려면 출산 휴가, 육아 휴직을 다시 써야 하는데 그 돌봄 시간, 자원을 투입하기 위해서는 맞벌이를 유지하기가 어렵다. 이렇게 둘째를 갖기 어려운 상황을 반영해 최근 저출산고령사회위원회에서는 다자녀의 기준을 3자녀에서 2자녀로 넓혀 이들에게 교통, 문화 시설 이용, 양육을 지원하기로 했다. 서울시에서도 2자녀도 '다자녀'로 규정하고, 공영 주차장 할인 혜택을 준다. 서울대공원, 서울식물원과 같은 서울시가 운영하는 시설에 무료로 입장할 수도 있다. 올해부터는 주택 청약 시 다자녀 특별 공급 신청 자격도 2자녀 이상 가구로 확대했다. 이젠 두 명만 낳아도 애국자다.

## 요즘 부모들의 육라밸

아이를 위한 무조건적 희생 대신, 요즘에는 부모 자신의 행복도 중요한 시대다. 밀레니얼 부모는, 부모로서의 삶과 자신의 삶 간의 균형을 추구한다. 마치 밀레니얼 세대 직장인이 직장에 무조건 충성하기보다 자신의 일과 삶의 균형을 추구하듯, 육아에서도 육아와 라이프의 밸런스인 '육라밸'을 추구하는 것이다. 문법이 바뀌었다. 이제는 아기가 행복해야 부모가 행복한 게 아니다. 부모가 행복해야 아기가 행복하다.

밀레니얼 부모들이 자기 자신의 행복과 취향을 유지하고자 하는 경향은 데이터로도 나타난다. 밀레니얼의 유튜브 관심사가 가장 직관적이다. 부모가 된 후 가족 관련 콘텐츠를 보는 경우가 두 배 늘기는 했으나 그 외에도 뷰티, 아웃도어, 게임 등 개인의 관심사 콘텐츠 소비 경향 또한 부모가 되기

전과 별로 차이 나지 않았다. 즉, 요즘 부모는 부모가 돼서도 자신의 취미, 관심사에 대한 끈을 놓지 않고, 자신만의 시간 (me-time)을 갖는다.

이들은 육아뿐 아니라 일과 취미 생활을 동시에 잘하기 위해 노력하는 '멀티 플레이어'다. 요즘에는 육아하면서도 SNS를 통해 수익을 실현하거나, 네이버 스토어를 열어서 사업을 운영하거나, 재테크를 하는 경우도 늘었다. 육아와 N잡을 다양한 방식으로 함께 운용하는 것이다.

특히, 밀레니얼 부모들은 자신을 위한 투자를 아끼지 않는다. 2022년 기준 산후조리원 2주 평균 비용은 300만 원을 상회하지만, 대부분의 요즘 부모가 산후조리 서비스를 이용한다. 회차당 10만 원이 훌쩍 넘는 산후 마사지, 산후 관리 프로그램, 산후 필라테스, 요가 등 몸매 관리를 위해 논을 아끼지 않는다.

기존 '아줌마', '엄마'에 대한 편견을 깨는 '젊줌마'도 나타났다. 젊줌마는 '젊은 아줌마'의 줄임말이다. 자기 계발, 커리어, 자기 관리는 뒤로하고, 가족과 자녀를 최우선시하며 헌신적이었던 전통적인 아줌마의 이미지보다, 자신의 사회적 지위도 챙기고 힙한 취향, 최신 트렌드도 따라가는 요즘 엄마들이 바로 젊줌마다. 요즘엔 철저한 몸매 관리 후 배가 드러나는 크롭 티를 입고 아이와 함께 문화 센터에 가는 것이 유행이다. 외모로만 보았을 때 자녀 유무를 판단하기 어려운 젊줌마가 많아지고 있다. 요즘에는 엄마라는 이유로 자신의 다른 정체성을 포기하기보다, 엄마라는 정체성과 함께 원래 갖고 있던 자신의 정체성도 유지하고자 노력한다.

## 친구 같은 부모가 되고 싶어

요즘 부모들은 친구 같은 부모를 추구한다. 이전의 전통적인 부모들은 가부장제에 기반해 자녀에게 엄격한 규율과 질서를 강조했다. 이에 어긋나면 체벌도 서슴지 않을 정도로 권위적인 부모상이 지배적이었다. 최근에는 맞벌이가 늘어나고 가부장제가 옅어지면서, 권위적인 부모상에서 자녀와 수평적인 관계를 맺는 친근한 부모상으로 변화하고 있다. 요즘 부모들은 자신의 행동을 자녀에게 상세히 설명해주고 자녀의 감정을 이해하고 공감하려고 노력하고 있다. 프렌디 대디 (Friend+Daddy), 친구 같은 아빠처럼 자녀의 감정에 공감하고, 자녀의 시선에 맞추는 부모가 대세다.

2021년, 시장 조사 업체 엠브레인 트렌드모니터가 실시한 설문 조사에 따르면 응답자의 78.2퍼센트가 '요즘은 친구 같은 부모가 대세'라고 답했다.[4] 그만큼 부모와 자녀 간 친밀한 관계를 맺는 가정이 많아지고 있다. 김용섭은 《라이프 트렌드 2020》에서 요즘 밀레니얼 세대 부모를 "친구 같은 아빠와 엄마, 의사 결정에서 수평화가 이루어진 가족 관계, 자녀 교육에 대한 맹목적인 지원이나 투자 대신 스스로에게 아낌 없이 투자하는 부모상"이라고 진단했다.[5] 이상적이라고 생각 하는 부모의 모습이 변하고 있는 것이다.

요즘 부모들이 생각하는 자녀의 가치도 달라졌다. 자녀 는 전통적으로 대를 잇는, 혹은 노후를 보장하는 생산재였다. 이제는 가부장적 의식이 옅어지고, 개인의 노후는 사회가 부 담한다는 생각이 퍼지면서 자녀는 더 이상 생산재가 아닌 고 비용 소비재에 가까워졌다. 자식을 키우면서 느끼는 기쁨과 즐거움만 남은 것이다. 가업을 잇거나, 부모를 부양한다는 자 녀의 '경제적 역할'보다도 부모와 공감할 수 있고, 삶을 나눌 수 있는 '정서적 가치', '관계적 가치'가 더 중요해졌다. 자녀 를 많이 낳아서 노동력을 확보하는 것이 더 유리했던 시기가 지나가고 자녀의 질적이고 정서적 측면이 더 중요하게 되자 부모의 자원을 소수의 자녀에게 집중하는 경향이 강해졌다.

## 육아도 마치 일하는 것처럼

밀레니얼 부모에게 일이 중요한 것처럼 육아도 중요한 과제 다. 밀레니얼 부모에게 육아는 삶의 자연스러운 일부가 아닌 하나의 인생 과제다. 육아라는 과제를 잘 수행하기 위해, 마치 대학교에서 학위를 따고, 회사에서 프로젝트를 하듯 끝없는 자녀의 발달을 위한 양육 과제를 열심히 해결해 나간다. 밀레니얼 부모는 육아하면서도 일하는 것처럼 문제에 대한 해결책을 찾아 나가고, 육아의 효율성을 높이려고 노력한다.

밀레니얼 부모가 육아를 보는 관점도 달라졌다. 최근 밀레니얼 부모들 사이에서는 '육아 퇴근', '빠른 육퇴 기원'이라는 단어를 흔하게 쓴다. 이는 육아는 일상, 자연스러운 것에서, 이제는 육아가 업무의 일종이 됐음을, 즉 부담스럽고 어렵다는 인식이 확산하고 있음을 보여 준다. '육아 퇴근'이라는 단어에서도 알 수 있듯 육아와 개인 자유 시간의 구분은, 즉 부모로서의 자신과 자녀와의 정체성이 분리됐음을 의미한다. 요즘 육아는 엄마, 아빠라는 이유로 당연하게 하는 것이 아닌 또 하나의 일로 인식되고 있다.

요즘 부모는 아기가 잠들고 난 육아 퇴근 후에도 바쁘다. 일과 시간 동안 가지고 있었던 육아 질문들을 열심히 인터넷, 유튜브 전문가를 통해서 검색하고 해결한다. 때로는 수많은 전문가가 전하는 정보의 홍수 속에서 피로감을 느끼기도 한다. 어떨 때는 같은 질문에 다른 대답을 얻을 때도 있다. 육아 관련 정보가 빠르게 변화하다 보니, 업데이트된 정보인지 따지기도 해야 한다. 지나치게 많은 정보를 살피다 보면, 오히려 불안하고, 혼란스러움을 겪는 경우도 많다.

요즘 부모들이 육아 퇴근 후에도 바쁜 이유는 육아에

대한 불안감이 높아졌기 때문이다. 요즘 부모는 이전의 방식대로 아이를 키울 수 없다는 걸 안다. 어떻게 해야 아이를 위한 최고의 선택을 할 수 있을지 답을 찾고 싶다. 밀레니얼 부모는 육아 전문가의 힘을 빌리기로 했다. 이들은 오은영 박사가 나오는 〈요즘 육아-금쪽같은 내 새끼〉와 같은 육아 솔루션 프로그램을 비롯해 육아 전문가가 주관하는 컨설팅, 교육 프로그램, 책을 찾아 공부한다. 사회적 상황과 문화가 빠르게 변하다 보니, 예전의 조언과 방식을 따르기는 퍽 불안하기 때문이다. 실제로 엄마와 아기가 동시에 나타났을 때 연관되는 감성 단어 중 '걱정', '스트레스', '불안', '실패'가 높은 순위로 나타난다.

요즘 부모들은 육아 문제에 대한 답을 찾지 못하면 어떡하나 하는 불안감과 함께 답을 찾아야 한다는 강박 관념을 갖고 있다. 아이가 영유아인 시절부터 요즘 부모들은 각종 수면 교육 컨설팅, 모유 수유 컨설팅, 공감 발달 교육 등 부모 교육 및 컨설팅 서비스를 적극적으로 찾아 받는 경향이 있다. 요즘 부모들 사이에서 유행하는 건 바로 영유아 수면 교육이다. 수면 교육이란 아기를 업거나 안아서 재우는 것이 아니라 아기 혼자서도 누워서 잠들 수 있도록 훈련하는 것을 의미한다. 아기가 스스로 잠들 수 있도록 자기 전에 책을 읽어 주거나 자장가를 틀어 주는 등 일정한 행동을 반복해 줌으로써 자야

# 엄마 아빠 연관 단어 순위

| 순위 | 엄마+아기 | 아빠+아기 |
|:---:|:---:|:---:|
| 1 | 걱정 | 걱정 |
| 2 | 고민 | 울다 |
| 3 | 힘들다 | 좋아하다 |
| 4 | 울다 | 힘들다 |
| 5 | 좋다 | 스트레스 |
| 6 | 스트레스 | 짜증 |
| 7 | 좋아하다 | 싫다 |
| 8 | 도움 | 이혼 |
| 9 | 아프다 | 웃다 |
| 10 | 미안하다 | 고민 |
| 11 | 짜증 | 사랑 |
| 12 | 사랑 | 좋다 |
| 13 | 싫다 | 낯가림 |
| 14 | 웃다 | 아프다 |
| 15 | 속상하다 | 미안하다 |

* 출처: 썸트렌드, 분석 채널: 커뮤니티, 분석 기간: 2023. 1. 1.~2023. 12. 31.
분석 단어: 엄마+아기, 아빠+아기

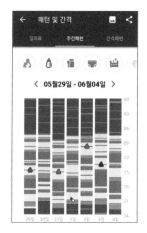

아기의 생활 패턴을 기록하는 베이비타임 앱. 짙은 보라색은 밤잠,
옅은 보라색은 낮잠, 노란색은 분유 수유 시간을 의미한다.

하는 시간을 알려 주는 수면 의식을 정하고, 월령별 적정 수면
을 취할 수 있도록 한다. 앱을 통해 몇 시에 자고 먹고, 놀고
깨는지를 기록한다. 깨어 있는 시간, 먹는 양, 낮잠과 밤잠 시
간 및 양을 매일매일 수시로 체크한다.

요즘 부모는 아기가 자는 시간, 자는 법에도 정답이 있
다고 생각한다. 적정 수면 시간을 지켜 미리 정해진 스케줄에
맞춰 아이를 재우고 깨우는 부모가 많아지고 있다. 예를 들어
4개월 아기의 경우 낮잠을 4시간마다 3회 자고 총 낮잠 시간
은 3~4시간, 밤잠 시간은 총 11시간이 되도록 하는 스케줄을

짜고 이에 맞추는 것이다.

아이가 정해진 수면 시간을 지키지 못하는 경우라면, 부모들은 따로 수면 교육 컨설팅을 신청해 이용하기도 한다. 인스타그램에서 '수면 교육'을 검색하면 2024년 4월 기준 14만 개의 게시물이 존재한다. 2015년 출간된 영유아 수면 교육 내용을 담은 《똑게육아》는 100만 권이 팔릴 정도로 부모들 사이에 인기를 얻었다. 실제 수면 교육 컨설팅 서비스로 유명한 슬립베러베이비Sleepbetter.Baby 수면 교육 프로그램에 들어가 보면, '우리 아이가 8개월인데 아직 통잠을 못 자요', '우리 아이는 혼자서 못 자고 안아서 재워야 해요', '수면 의식은 어떻게 하는 게 좋을까요' 부모들의 각종 질문이 쏟아진다.

## 육아도 효율성이 중요해

《아이가 사라지는 세상》의 저자 송길영 작가는 저서에서 이렇게 말했다.

"엄마가 해주던 빨래는 빨래방이 해주고, 엄마가 차려주던 생일상은 배달 앱이 대신합니다. '엄마의 아웃소싱'이 시작된 것입니다. 전통적으로 주부 역할을 하던 엄마의 일들을 대신 맡아서 하는 새로운 산업이 빠르게 성장하고 있습니다."[6]

밀레니얼 부모는 육라밸을 중시하기에 육아, 일, 취미

생활도 다 챙겨야 한다. 그러기 위해서는 육아도 효율적으로 해야 한다. 특히 맞벌이 부부에겐 아이와 함께하는 시간이 금보다 더 소중하다. 아이와 함께할 수 있는 시간이 절대적으로 적기 때문에 집안일보다는 아이와 함께하는 시간을 늘리고, 상호 작용의 질(Quality)를 높이기 위해서 노력한다.

요즘 부모는 기술이나, 도구, 서비스를 최대한 활용해 집안일에 쏟는 시간을 줄이고, 아이와 함께 있는 시간을 늘린다. 예전에는 전업주부인 엄마의 일로 여겨졌던 설거지, 빨래하기, 청소하기, 요리하기 등 가사 대부분을 아웃소싱하거나 기술로 대체하는 경향이 나타난다. 2019년 현대카드와 현대캐피탈이 소비자들의 결제 건수를 분석한 결과, 가사 서비스의 주 이용 연령은 30대로 나타났다. 가사 서비스를 이용해본 20대 이상 소비자 세 명 중 두 명은 가사 서비스 이용을 긍정적으로 생각하고 있었다.

디지털 네이티브인 밀레니얼 세대답게 육아에도 시간이나 노력을 줄일 수 있는 기술이나, 신제품이 있다면 비용을 아끼지 않는다. 예를 들어 건조기, 식기세척기, 로봇 청소기와 같은 가전제품을 활용하며 가사에 드는 시간과 노력을 줄이려는 경향을 보인다. 가사 노동 관련 서비스도 적극적으로 활용하는데, 등·하원, 놀이, 세탁, 청소 대행 서비스를 주로 활용한다.

육아는 '템빨'이라는 말이 유행할 정도로, 육아를 손쉽게 할 수 있도록 도와주는 아이템들도 요즘 부모들에게 인기다. 예를 들어 자동으로 원하는 만큼의 분유를 타주는 자동 분유 제조기, 물을 끓여 분유 적정 온도인 43도로 유지해 주는 분유 포트, 아기를 좌우로 흔들어 주는 바운서, 책을 자동으로 읽어주는 스마트 펜 등 육아를 좀 더 편하게 할 수 있도록 돕는 아이템이 인기가 많다. 요리도 배달을 이용하거나, 밀키트를 선호한다. 직접 재료를 다듬고 양념하는 데 시간을 쏟기보다는 반찬 가게나 밀키트를 통해 손쉽게 조리할 수 있는 제품을 소비하는 것이다. 아이를 위한 이유식이나 유아식도 시중에서 판매하는 이유식, 유아식 반찬을 구매한다. 이유식, 유아식 정기 구독 서비스도 등장했다.

오프라인보다 온라인에서 육아 용품을 비교하고 구매하는 경향도 지배적이다. 실제 맘카페에서 가장 인기 있는 글들은 육아 용품 쇼핑 핫딜 정보다. 육아 용품의 할인 혜택 정보를 실시간으로 공유하며, 정가보다 많이 할인된 경우 그 웹사이트 주소와 할인 가격을 알려 준다. 요즘 부모들은 이런 커뮤니티에서 할인 정보를 접하며 합리적인 가격에 필요한 육아 용품을 빠르게 구매할 수 있다고 생각한다. 식자재 또한 온라인 앱을 활용해 직접 가지 않고 온라인상에서 빠르게 장을 본다.

## 고립감을 넘어, 온라인 육아 공동체

밀레니얼 부모들은 육아를 일처럼 열심히 한다. 효율적으로 움직이기도 한다. 겉으로 보기엔 홀로 육아하며 분투하는, 다소 독립적인 모습으로 보일 수 있는 것이다. 하지만 이들은 '육아'라는 관심사를 중심으로 온라인에서 항상 연결돼 있다.

2022년 5월, 배우 이시영이 자신의 인스타그램에 아들의 알몸 사진 한 장을 올렸다. 이후 국내외 팬들은 아무리 어릴지라도 블라인드 처리 없이 알몸을 그대로 공개한 것은 부적절한 사진이었다고 비판했다. 이 사건 이후 쉐어런팅(Share+Parenting) 논란이 일었다. 쉐어런팅이란 부모가 자녀를 양육하면서 찍은 일상 사진을 SNS에 공유하는 것을 의미한다. 이는 자녀의 동의 없이 자녀의 정보를 불특정 다수에게 공개함으로써 자기 결정권과 초상권을 침해한다는 문제가 발생한다. 지나친 자녀의 일상 공유로 인해 자녀의 이름이나 거주지와 같은 개인 신상 정보가 유출되면서 범죄 위험에 놓이는 일까지 일어나고 있다.

쉐어런팅 논란은 요즘 부모들이 온라인으로 육아와 관련된 일상을 과도하게 공유하다 보니 발생한 문제다. 왜 이들은 자신의 육아 일상을 온라인에서 공유하고 싶어 할까? 육아에서 가장 어려운 점으로 꼽히는 것이 바로 고립감이기 때문이다. 실제로 육아 관련 긍정, 부정 단어를 분석해 보면, 부정

## 육아 관련 긍정 · 부정 단어

| 순위 | 관련 단어 | 긍부정 |
|:---:|:---:|:---:|
| 1 | 힘들다 | 부정 |
| 2 | 독박육아 | 부정 |
| 3 | 고민 | 부정 |
| 4 | 스트레스 | 부정 |
| 5 | 걱정 | 부정 |
| 6 | 도움 | 긍정 |
| 7 | 지치다 | 부정 |
| 8 | 소통하다 | 긍정 |
| 9 | 편하다 | 긍정 |
| 10 | 짜증 | 부정 |
| 11 | 어렵다 | 부정 |
| 12 | 필수 | 긍정 |
| 13 | 화이팅 | 긍정 |
| 14 | 울다 | 부정 |
| 15 | 이혼 | 부정 |
| 16 | 여유 | 긍정 |
| 17 | 경제적 | 긍정 |
| 18 | 부담 | 부정 |
| 19 | 고생 | 부정 |
| 20 | 도움 받다 | 긍정 |

\* 출처: 썸트렌드, 분석 채널: 커뮤니티, 분석 기간: 2023. 1. 1.~2023. 12. 31.

육아 관련 긍정·부정 단어. 출처: 썸트렌드

단어 중 가장 높은 빈도수를 차지하는 것은 '독박 육아'다. 예전에는 엄마가 잠시 자리를 비우면, 옆집 아주머니가 대신 아기를 봐줬다. 아이를 기르는 엄마들끼리 자연스럽게 관계가 형성되기도 했다. 지금은 상상하기 어려운 일이다. 보편화한 핵가족, 무너진 공동체 사이에서 끈끈한 오프라인 커뮤니티는 기대하기 어렵다.

느슨한 연결을 선호하는 밀레니얼 세대라고 하지만, 이들에게도 육아를 하면서 도움을 주고받고 정보를 얻을 수 있는 육아 공동체가 필요하다. 연결과 소속감에 대한 욕구도 강하다. 물론 예전과 같은 형태일 수는 없다. 밀레니얼 세대는 물리적으로 가까운 이들과 이야기하는 것보다 SNS상에서 자신의 이야기를 터놓고 공감하고 정보를 주고받는 것에 더 익숙하다. 육아에서도 마찬가지다. 온라인은 고립감을 호소하는 요즘 부모에게 위로와 공감을 주는 공간이다. 온라인 육아 동지는 이제 동네 이웃을 대체했다.

육아로부터 받는 스트레스를 해소하고, 외로움을 잊고 함께 육아를 공유할 수 있는, 밀레니얼 부모들의 육아 일상의 돌파구는 바로 '육스타그램(육아+인스타그램)'이다. 특히 주변 도움 없이 육아한다면, 숨 돌릴 틈도 없을 뿐 아니라 어려움을 겪더라도 부탁하거나 물어볼 곳도 없는 경우가 많다. 무사히 아이를 재우고 육아 퇴근 후 개인의 시간을 가지며 온라인상에서 육아의 일상을 기록하고, 또 정보를 공유하는 것은 밀레니얼 부모에게 큰 기쁨이고 위안이다. 그런 점에서 SNS는 단순히 그들에게 육아 사진을 올리는 공간만이 아니다. 육아로 인한 시간적 물리적 제약 속에서 찾은 이들의 소통 창구이자 사회적 지지의 기반, 소중한 육아 정보를 나누는 곳이다. 요즘 부모들의 쉐어런팅을 무조건 비난할 수는 없다. 쉐어런팅은 시대에 따라 새로운 방식으로 부모들이 육아 일상을 공유하고, 지지하면서 나타난 일종의 부작용으로 봐야 한다.

밀레니얼 부모들은 이전과 달리 일과 육아를 성공적으로 병행하고자 노력하며, 이를 위해 육아에서 답을 찾고 효율성을 따지고, 각종 기술을 활용한다. 요즘 부모들이 예전보다 육아를 더 힘겹게 느끼는 이유는 무엇일까? 요즘 부모들은 맞벌이 부부로 일과 가정의 양립을 도모하면서, 동시에 내 집 마련, 안정적 직장 등 경제적으로도 안정을 찾아야 한다는 부담감이 크기 때문이다.

청년들이 생각하는 이상적인 자녀 수는 2.1명이라고 한다. 2023년 출산율이 0.7명이므로 1.4명의 격차(Gap)가 발생하는 셈이다. 밀레니얼 부모들은 왜 자신들이 이상적인 자녀 수라고 생각하는 두 명을 낳지 못하고 한 명의 자녀로 만족하게 되는 걸까? 부모들이 실제로 육아에 뛰어들면서 심리적으로 가장 부담감을 크게 느끼는 부분은 어디일까? 돌봄에 필요한 시간이 부족한 것, 날로 커지는 양육 비용 부담이 그 원인이다. 앞으로는 '돌봄 문제'와 '양육비 문제'에 대해서 각각 살펴보고자 한다.

# 2

## 산 넘어 산,
## 돌봄 문제에 직면하다

## 누가 아이를 돌볼 것인가

17개월 아기를 둔 30대 A씨 맞벌이 부부의 일상을 살펴보자.

온종일 회사에서 일하며 지친 몸을 이끌고 퇴근하고 집에 돌아오면 또 다른 출근, 일명 '육아 출근'이 시작된다. 육아 출근과 동시에 밀린 집안일과 요리, 아이와의 시간에 눈코 뜰 새 없이, 피곤함을 느끼지도 못한 채 시간을 보낸다. 퇴근 후 이미 늦은 저녁 시간, 아이가 깨어 있을 얼마 남지 않은 시간만이라도 아이와 질 좋은 시간을 보내기 위해 있는 힘을 다해 아이와 눈을 마주치며 돌본다.

A씨 부부에게 주말은 본격적인 가사 노동과 육아가 집중되는 시간이다. 아이 출산 이후, 주말에 부부가 아무것도 하지 않고 쉬는 시간을 가져본 지도 오래됐다. 아이와 나들이 일정, 밀린 빨래와 청소, 식료품 쇼핑을 하며 시간 가는 줄 모른다. 주말에 오히려 주중보다 더 바쁜 시간을 보내기에 신체적으로도 피로하다. 주중에 쌓인 피로를 풀고, 각자 쉬는 시간을 확보하기 위해서 A씨 맞벌이 부부는 토요일엔 엄마가, 일요일엔 아빠가 육아를 전담한다.

A씨 부부의 일상은 버거워 보인다. 그러나 이 버거운 일상마저도 주중 근무 시간 동안 아이를 돌봐줄 사람을 구했기 때문에 가능하다. 갑자기 아이를 돌봐 줄 사람이 일을 그만두거나, 아이가 아프다거나, 부부가 모두 야근을 하거나 출장

을 가게 되어 돌봄에 공백이 발생한다면 문제는 심각해진다.

왜 이전과 달리 요즘 부모에게는 아이 '돌봄 문제'가 가장 큰 어려움으로 다가오게 됐을까? 사실 일하는 아빠와 전업주부, 두 명의 자녀로 구성된 4인 가족이 정상이었던 시대에서는 돌봄 문제가 크지 않았다. 아이를 돌보는 것은 전업주부인 엄마의 몫이고, 경제적 역할은 아빠의 몫으로 명확하게 구분됐다. 그러나 시대가 바뀌었다. 전통적인 '정상 가족'이라 불렸던 4인 이상 가구는 2022년 기준 17.6퍼센트를 차지한다. 가장 작은 비중이다. '정상 가족'이었던 4인 가구는 이제 '비정상화'되고 있다.

신혼부부 과반이 맞벌이인 시대다. 맞벌이가 증가하면서, 일하는 엄마, 집안일 하는 아빠가 이상하지 않은 시대가 됐다. 《트렌드 코리아 2024》에서는 이를 '젠더 대수렴(The Great Gender Convergence)' 현상으로 설명했다.[7] 남녀 간의 성 역할 차이가 줄어들고 비슷해진다는 의미를 담고 있다. 맞벌이 부부가 증가하면서, 남성의 영역이었던 경제적 가부장 역할, 여성의 영역으로 인식되던 아이 돌봄의 역할도 부부가 함께 분담하게 됐고, 부부가 동시에 근무하면서 아이 돌봄 공백이 발생하게 됐다.

맞벌이 부부가 아이를 낳고 당면하게 되는 가장 큰 과제는 바로 주중 일과 시간 동안 아이를 안정적으로 믿고 맡길 수 있는 곳을 찾는 일이다. 아이 등·하원 시간에 맞게, 아플 때마다 유연하게 출퇴근 시간을 조정하고, 원격 근무를 자유자재로 쓰면서 일할 수 있으면 좋겠지만, 현실적으로 높은 수준의 유연성을 제공하면서 안정적인 연봉을 주는 직장은 많지 않다. 특히 일반적으로 어린이집 등원 시간은 오전 8~9시, 하원 시간은 3~4시다. 이 시간에 출퇴근할 수 있는 풀타임 정규직 근로자는 많지 않다. 맞벌이 부부는 반드시 이 '돌봄 공백'을 해결해야 한다. 정기적으로 아이의 등·하원을 책임져줄 수 있는 등·하원 도우미, 등·하원 전후로 비는 시간 동안 아이를 돌봐줄 수 있는 베이비시터나 보육 기관, 서비스를 구해야 한다는 말이다. 만약 적합한 사람이나 기관을 찾지 못하거나, 해당 비용을 감당하지 못한다면 휴직하거나 직장을 포기하는 선택지를 고민하게 된다.

## 공동체 붕괴, 각자도생 육아

지금은 핵가족, 개인주의 사회다. 지역 공동체도 무너지면서 옆집에 누가 사는지도 모르는 세상이 됐다. 공동체가 붕괴된 사회에서의 육아는 어떨까. 아프리카에는 '한 아이를 키우려면 온 마을이 필요하다'는 속담이 있다. 예전에는 급한 일이 있을 때 옆집에서 아이를 맡아 주기도 했지만, 이젠 옛말이 된지 오래다. 주변에 아이를 믿고 맡길 사람만 사라지는 게 아니다. 육아하는 과정에서 겪는 어려움과 고민을 터놓고 이야기할 사람도 함께 사라지면서 공동 육아 문화는 사라지고 있다.

2023년 세계행복보고서에 따르면, '내가 도움이 필요할 때 의지할 수 있는 가까운 친구나 친척이 한 명 이상 있다'라는 질문에 한국인은 61퍼센트만이 그렇다고 답하며 32개국 중 최하위권인 30위를 기록했다. 다른 국가 대비 많은 한국인들이 고립감과 상대방에 대한 불신을 갖고 살아가는 것이다. 해체된 공동체 속에서 출산과 육아는 공동체가 아닌 개인적인 과제로 변한다. 오로지 부모와 그 가족, 즉 개인에게 육아 부담과 책임이 집중된다.

마땅히 의지할 친구, 친척, 이웃이 없어지면서 요즘 부모들은 외려 가족에게 의지하는 경향이 생겼다. 개인과 개인 간 거리가 멀어지면서, 부모 자식 간 관계는 더 긴밀해지는 것이다. '리터루족(Return+Kangaroo族)'이라는 신조어는 이 세태를 잘 담고 있다. 리터루족은 생활비, 주거비나 자녀 양육 등의 이유로 다시 부모 곁으로 돌아오는 독립한 자녀를 이르는 단어다. 결혼 후 아이를 출산하고는 자녀 돌봄 문제로 인해 다시 부모의 집 근방 도보 5~10분 거리로 이사 오는 경우가 많다. 요즘 부모들은 가능하다면 선뜻 신뢰하기 어려운 보육기관보다 자신이 믿을 수 있는 부모에게 도움받기를 택한다.

같은 연령대, 같은 세대라도 삶의 방식은 더욱 다양해

졌다. 결혼은 물론 연애도 하지 않는 1인 가구, 결혼했더라도 아이가 없는 2인 가구, 결혼 후 아이가 있는 3인 이상 가구까지 공존하는 시대다. 제일기획이 만든 광고의 한 장면은 34세, 우리 아이 '돌' 사진을 찍는 부부의 모습과 랜선으로 '아이돌' 콘서트를 보는 모습을 대비해 보여 주기도 했다. 비슷한 나이라 할지라도 각자가 사는 삶의 무대와 배경이 다르다. 각자의 라이프스타일과 관심사도 다양할 수밖에 없다.

아이를 낳기는커녕 결혼도 하지 않는 2030 세대가 많다 보니, 주변에서는 육아하는 친구를 찾아보기도 힘든 게 요즘 부모의 현실이다. 육아 경험이 없는 주변 친구로부터 심리적 위로나 공감을 기대하기도 어렵다. 육아와 관련한 고충을 이야기할 때 서로 머리로는 이해해도 가슴으로는 공감이 안 되는 상황이 연출된다. 결혼과 출산, 육아를 겪지 않은 친구와는 점차 공통 관심사를 찾기도 어려워지고, 그만큼 서로 멀어지게 된다. 오프라인에서도 친구처럼 육아 일상을 공유, 연대하고 싶은 요즘 부모의 니즈에 맞춰 동네 육아 친구를 연결해 주는 '육아크루'라는 플랫폼도 등장했다. 이 애플리케이션이 제공하는 1:1 육아 친구 매칭 서비스 덕분에 가까이 사람들과 연결돼 좋은 육아 동지를 만났다는 후기도 쉽게 찾아볼 수 있다.

## 맞벌이 부모의 선택, 육아 휴직

출산의 기쁨이 가시기도 전에 신생아를 어떻게 돌보고 키울 것인가라는 '양육'의 문제를 맞닥뜨리게 된다. 요즘에는 산후 조리원이나, 가정에 방문하는 산후관리사 서비스를 통해 출산 후 육아 초반에는 전문적인 도움을 받는다 해도 출산 휴가 3개월, 육아 휴직이 끝날 때쯤이면 고민은 깊어질 수밖에 없다. 고민을 덜기 위해 요즘 부모들은 출생 신고를 하자마자 국공립 어린이집에 입소 대기를 걸고, 시터넷을 통해 베이비시터를 적극적으로 구한다.

맞벌이 부모가 아이를 낳고 주로 활용하는 제도는 바로 '육아 휴직' 제도다. 육아 휴직 제도는 만 8세 이하 자녀가 있고, 6개월 이상 근속한 직장인이라면 누구나 사용할 수 있으며 최대 1년까지 쓸 수 있다. 최근 정부에서 그 기간을 1년에서 1년 6개월까지 연장하는 방안을 논의 중이다. 대부분 아기가 한 살이 되기 전에 육아 휴직을 사용하며(64.3퍼센트), 평균적으로 육아 휴직을 쓴다면 2022년 기준 9개월 정도 사용한다.

한국의 육아 휴직은 법정 기간 대비 사용률이 낮게 나타난다는 특징을 갖는다. 물론 최근 육아 휴직에 대한 직장 내 인지도 및 활용도가 높아지면서 육아 휴직 사용률도 증가했다. 2010년 11.9퍼센트였던 것이 2022년에는 그보다 세 배 증가한 30.2퍼센트로 나타났다. 실제로 한국의 육아 휴직 법정 기간은 OECD 국가 중 7위로 긴 편이다. 반면 실제 사용일수는 OECD 국가 중 가장 짧아, 이용률이 19.8퍼센트에 불과하다.[8]

한국의 육아 휴직은 대부분 여성이 사용한다는 특징이 있다. OECD 자료에 따르면. 2020년 출생아 100명 중 여성 21.4명, 남성 1.3명만이 육아 휴직을 사용했다. OECD 국가 평균은 출생아 100명 중 여성 118.2명, 남성 43.4명으로[9] 한국의 육아 휴직 성별 격차가 더 크다는 것을 알 수 있다. 2022년 통계청 자료에 따르면, 2010년 2.7퍼센트에 불과했던 남성 육아 휴직 비율이 2022년 27.1퍼센트로 증가함으로써 약 10배 늘었으나 아직까지 여성의 육아 휴직 사용이 전체의 대부분인 72.9퍼센트를 차지하고 있다. 맞벌이 부부더라도 아이 돌봄에 대한 부담은 아직 여성의 몫이라는 사회적 인식이 반영된 결과다.

육아 휴직을 하게 되면 어떤 변화가 일어날까. 가장 먼저 와닿는 현실적인 문제는 바로 줄어드는 체감 소득이다. 육아 휴직 기간에도 일부 수당을 지급하는 회사도 있지만, 일반적으로는 회사에서 급여가 나오지 않는다. 그 대신 정부에서 육아 휴직 급여를 지급한다. 육아 휴직을 하면 받게 되는 금액은 최대 월 150만 원으로 책정돼 있지만, 실제로는 그중 75퍼센트인 월 112만 5000원까지만 받을 수 있다. 육아 휴직 급여의 25퍼센트는 복직 6개월 후에 사후 지급금 형태로 받게 된다. 이 사후 지급금마저도 누구나 받을 수 있는 것은 아니다. 복직하지 않거나, 복직 후 6개월 내 퇴사하게 된다면 받지 못한다. 육아 휴직 기간 받는 금액은 75퍼센트에 불과해 체감 소득은 150만 원보다 더 낮은 상황이다.

고용노동부에 따르면, 2020년 기준 육아 휴직자 월평균 육아 휴직 급여는 102만 5000원이다. 이는 2020년 기준 3인 기준 생계 급여 116만 원보다도 더 적다. 다른 국가 대비 한국 육아 휴직 급여의 소득 대체율은 낮다. 2022년 OECD 자료 기준, 한국 육아 휴직 급여의 소득 대체율은 44.6퍼센트로, 하위권에 속한다. 육아 휴직을 하면 소득이 반감하는 것이다. 소득이 적으면 육아 휴직이 경제적 부담으로 느껴질 수 있다. 실제로 월 소득 210만 원 이하는 육아 휴직 사용률이 18.2퍼센트로 점점 감소하는 반면, 월 소득 300만 원 이상은 육아 휴직이 지속적으로 증가하는 추세다.[10]

법적으로 보장된 1년간의 육아 휴직 제도를 누구나 쓸 수 있는 것은 아니다. 통계청이 조사한 바에 따르면 2021년 기준, 육아 휴직자의 과반은 대기업 직장인이었다. 즉 육아 휴직 제도는 줄어든 소득을 감당할 수 있는 고소득 직장인이 쓸 수 있는 제도라는 말이다. 누군가에게 육아 휴직은 그림의 떡이다. 직장인 중 '육아 휴직을 자유롭게 쓰지 못 한다'고 응답한 비중은 45.2퍼센트였다. 특히 비정규직, 5인 미만 사업장, 월 급여 150만 원 미만 직장인에게서 그 비중이 더 크게 나타났다.

육아 휴직 제도가 있지만 마음대로 쓰지 못하는 이유는 무엇일까. 2021년 일·가정 양립 실태조사에 따르면, 가장 큰 이유는 사용할 수 없는 직장 분위기나 문화(31.8퍼센트), 그다음으로 동료 및 관리자의 업무 가중(25.2퍼센트) 때문이었다. 특히 중소기업의 경우 근로자 수가 적기 때문에 육아 휴직으로 자리를 비우면, 일을 대체할 사람이 없을 때가 많아 휴직 신청에 부담을 느끼는 경우가 많다고 답했다. 게다가 고용보험에 가입되지 않은 자영업자, 프리랜서, 학생 등은 육아 휴직 급여를 받을 수 없다.

육아 휴직을 어렵게 쓰더라도, 복직 후 불이익을 받는 사례도 많다. 육아 휴직을 쓴다고 회사에 알리게 되면 '퇴사하는 사람', '승진에 대한 욕심을 버린 사람'으로 인식되기도 한다. 실제 육아 휴직을 쓰고 난 후 권고사직을 당하거나, 승진에서 누락, 최하위 고과를 받거나, 다른 부서로 배치받는 사례도 비일비재하다. 그러다 보니 회사 내에서 받을 불이익을 각오하고 육아 휴직을 쓰게 된다. 사회적으로 육아 휴직은 '쉬는 것', '노는 것'이라는 인식이 있다. 육아 휴직을 끝내고

복귀한 직장인에게, '잘 쉬다 왔냐'는 인사말을 건네기도 한다.

육아 휴직의 낮은 소득 대체율, 육아 휴직 사용에 대한 부정적 인식에도 불구하고, 사용률이 증가하고 있다. 특히 아빠의 육아 휴직 사용 비중이 증가하면서 여성에게 편중된 육아 부담이 아닌, 점차 부부가 공동으로 육아에 참여하는 트렌드가 확산하는 추세다.

## 할마·할빠 육아

맞벌이 부부 10쌍 중 여섯 쌍이 조부모에게 아이를 맡기고 있다.[11] 할머니가 엄마가 되고, 할아버지가 아빠가 되는 할마, 할빠 육아가 성행하는 것이다. 2022년, 한국리서치는 황혼 육아를 경험하는 조부모 55~69세 300여 명을 대상 설문을 진행했다. 손주 육아에 자발적으로 참여한 경우는 불과 27.8퍼센트에 불과했다. 조부모 대다수가 맞벌이 자녀의 부탁으로, 자녀를 돕기 위해서 육아를 맡게 됐다고 응답했다. 이때 손주와의 관계는, 외가가 친가보다 두 배 이상 높았으며, 외할머니가 54.0퍼센트, 친할머니는 27.2퍼센트 비중을 차지했다. 엄마 입장에서 상대적으로 의사소통이 편한 외가에 더 많이 의지하는 것이다. 이들은 평균적으로 하루 6.8시간, 주 3일 이상, 1년 이상 보수 없이 손주를 돌보고 있었다.

손주를 봐달라는 자녀의 부탁은 조부모 입장에서는 딜레마다. 현재 손주 육아를 1년간 경험한 60대 전업주부 B씨는 다음과 같이 말했다.

"나도 처음엔 (손주를 봐달라는 자녀의 부탁을) 거절할까도 생각했지. 나도 이제 몸이 예전 같지 않고 이곳저곳 아프지만, 딸은 나처럼 살지 않았으면 좋겠어. 지금까지 공부도 많이 하고 이제 겨우 좋은 직장에 들어갔는데, 육아 때문에 그만두지 않았으면 해. 내가 희생해서라도 딸은 그런 삶을 안 살았으면 좋겠다는 마음에 돕는 거야."

육아를 도맡은 조부모들은 여유로운 노년을 즐기고 싶은 마음에도 불구하고 자녀의 경력 단절을 막기 위해 손주 육아를 맡는 경우가 많았다.[12] 물론 자녀 육아를 자신의 부모에게 부탁하는 요즘 부모들도 마음이 편치만은 않다. 남에게 아이를 맡기는 것이 불안하고, 아이를 낳고도 직장 생활, 학업을 이어 나가고 싶어 부모에게 부탁할 수밖에 없지만, 부모님에 불효한다는 생각에 죄책감을 안게 된다.

요즘 할머니들 사이에서는 이런 말이 있다. "딸을 낳으면 비행기는 타지만 주방 매트에서 죽는다." 일본에도 비슷하게 '손주 피로(孫疲れ)'라는 단어가 있다. 손주를 돌보는 일은 행복한 일보다는 피곤한 일이다. 실제로 조부모의 신체적 피로도와 심리적 스트레스도 상당하다. 특히 신체적인 질환이

있거나 건강이 좋지 못한 경우 육아 스트레스를 크게 느끼는 것으로 나타난다.

반대로 손주 육아를 통해 신체적인 건강과 삶에 대한 만족감이 증가했다는 연구도 있다. 이 연구 결과에 따르면, 손주를 돌보는 조부모의 경우 삶의 만족도가 높고 우울증에 걸릴 확률이 더 낮게 나타났다.[13] 손주와의 유대감 및 애착, 개인의 보람, 사회적 기여 등은 조부모의 삶에 긍정적 영향을 미친다. 손주에게는 심리적 안정감을 주고 대인 관계 문제 발생 빈도를 낮추며[14], 자녀의 출산을 늘리는 효과도 있다.[15]

전 세계적으로 황혼 육아가 증가하고, 조부모의 육아 참여가 저출산 해결 방안으로 떠오르고 있더라도, 조부모의 손주 육아가 궁극적인 돌봄 공백의 해결 방안이 돼서는 안 된다. 손주를 돌보는 조부모에게 아무런 경제적 보상이나 사회적 지원이 없다면 아이 돌봄에 대한 책임을 결국 조부모에게 떠넘기는 셈이다. 황혼 육아가 조부모에게 스트레스가 아닌 심리적 만족감과 행복감을 주는 일이 되기 위해서는 개인의 노력뿐만 아니라 사회의 지원이 필수적이다. 조부모의 손주 육아를 경제적으로 지원하고, 양육 부담을 덜 수 있는 공공 돌봄 서비스 지원 체계와 정책적 지원이 확대돼야 한다.

이에 선진국은 조부모의 돌봄을 사회적으로 지원하고자 노력하고 있다. 영국에서는 조부모가 손주를 돌보는 것도 일종의 직장 근무로 보고 손주 돌봄 기간만큼 국민연금을 납입할 수 있는 기간으로 인정해주는 연금 크레딧 제도를 운영한다. 최근 일본에서는 손주 출산과 돌봄에 휴가를 쓸 수 있는 손주 휴가를 도입했다. 우리나라에서도 월 30만 원 수준의 조부모 손주 돌봄 수당을 지원하고, 손주 육아에 필요한 양육법, 스트레스 관리 요령 등의 교육을 제공하기도 한다.

## 아이를 운에 맡기다, 베이비 시터와 어린이집

육아 휴직도 쓰기 어렵고, 조부모의 도움을 받기도 어렵다면 결국 육아를 하늘의 '운'에 맡기는 수밖에 없다. 어린이집에 아이를 맡기거나, 베이비시터를 구하는 것이다. '좋은 베이비시터를 만나는 것은 천운'이라는 말이 있다. 어쩌다 좋은 베이비시터를 만난다면 그를 계속 고용하기 위해 그들이 사는 곳 주변으로 이사를 하는 경우도 생길 정도다. '운이 안 좋으면' 계속 면접을 보며 자신이 믿고 맡길 수 있는 베이비시터를 찾아야 한다. 24개월 남아를 키우고 있는 30대 여성 C씨는 출퇴근 베이비시터를 고용했으나, 이미 여러 번 바뀌어 벌써 다섯 번째 면접을 봤다. 스트레스가 이만저만이 아니지만 어쩔 수 없다. 베이비시터를 구하더라도 안심할 수 없다. 베이비시터가 갑자기 그만둔다고 하거나, 일이 생겨 휴가를 내야 한다고 하면 더욱더 난감하다. 도와줄 사람이 없기 때문에 회사에 휴가를 내거나, 부탁할 가족이나 친구를 찾아보는 수밖에 없다.

문제는 바로 이런 아이 돌봄 서비스 관련 시장이 시스템화되지 않았다는 점이다. 어린이집, 베이비시터의 아동 학대와 관련된 언론 보도도 끊이질 않는다. 심지어 아동 학대로 인해 사망한 사건까지 보도되면서 부모들의 마음은 불안감은 더 커진다. 과거의 경력, 특별 요건이나 인증 없이도 누구나 베이비시터가 될 수 있기 때문에 신뢰를 보장받기 어려운 상황이다. 한 연구 논문에 나온 인터뷰에 나온 사례에서 알 수 있듯, 아이를 믿고 맡길 수 있는 곳을 찾기까지는 어려움의 연속이다.[16]

"출산 휴가가 끝나면서 아이를 집 옆에 있는 어린이집에 보냈어요. 우연히 일이 일찍 끝난 날 어린이집에 낮에 가봤는데 6개월 된 애가 방바닥에 누워서 우유를 혼자 먹고 있는 거예요. 우유병이 쏟아지지 않게 수건을 돌돌 말아서 어깨랑 턱 사이에 괴어 놓았더라고요. 어찌나 속이 상하던지 엄마한테 울면서 전화했지요. 그때부터 친정 엄마가 와 계세요."(D씨)

믿고 맡길 수 있는 어린이집에 아이를 보내는 것도 운이 좋아야 가능한 일이다. 상대적으로 민간, 가정 어린이집보다 신뢰성이 더 높은 국공립 어린이집에 아이를 맡기기 위해서는 출생 신고와 동시에 어린이집 입소 대기 신청을 걸어야 한다. 그렇게 하더라도 어린이집에 입소하기까지 적어도 1년은 기다려야 한다. 워낙 대기 인원이 많아 원하는 시간에, 원하는 어린이집에 들어가지 못하는 경우가 허다하다. 행여 원하는 어린이집에 들어가더라도 맞벌이 부부의 경우 직장 출퇴근 시간과 어린이집 등·하원 시간 사이의 공백을 해결해줄 베이비시터나 어린이집 등·하원 도우미를 고용해야 한다.

베이비시터를 고용하는 데 드는 비용도 적지 않다. 어린이집 등·하원 도우미를 고용하는 데만 해도 월 100~150만 원의 비용이 든다. 베이비시터 모집 공고에 따르면, 중국 동포 기준 2023년 260~320만 원, 한국인은 300~350만 원 수준이다. 맞벌이 가구 평균 소득 월 760만 원 대비 30~50퍼센트 수준의 비용 부담이며, 여성의 평균 임금인 월 268만 원과 비슷한 수준이다.[17] 아이를 돌볼 사람을 구하는 데만 맞벌이 부부 중 한 명의 월급을 다 사용해야 하는 상황인 것이다.

## 돌봄 문제, 해결 방안은 있다

무급 가사 노동은 요리, 청소, 빨래, 돌봄 활동으로, 유급 노동과 비슷한 신체적·정신적 에너지가 쓰인다. 집안일, 돌봄도 결국 '노동의 일부'라는 인식을 높이고, 이 노동에 대한 사회적, 경제적 가치를 주목할 필요가 있다. 무급 가사 노동의 경제적 가치를 환산해 본다면 얼마일까. 통계청이 2019년 기준 집안일의 노동 가치를 계산해 본 결과 무려 490조 원에 달했다. GDP의 25.5퍼센트에 해당한다.

무급 가사 노동을 실제 유료 가사, 돌봄 서비스로 대체한다면 어떻게 될까. 가사 도우미 '청소연구소' 앱에 의하면 청소 서비스를 받는 비용은 30평대 아파트 기준 4시간에 약 6만 원 선이다. 2023년 베이비시터 평균 시급은 1만 5000원으로, 2023년 최저 시급 9620원 대비 약 1.6배 수준이다.[18] 비록 가사 노동의 대부분은 무급이지만, 다른 가족 구성원의 생산적 활동을 돕는다는 점에서 경제적, 사회적 가치가 없지 않다. 가족을 돌보는 일이므로 아무나 할 수 없어, 쉽게 대체할 수 있는 일도 아니다.

가사와 돌봄은 결국 '여성의 몫'이라는 인식도 하나의 문제다. 2021년 양성평등 실태 조사에 따르면, 가사 및 돌봄은 전적으로 혹은 주로 아내가 부담한다고 답한 비율이 68.9퍼센트, 맞벌이도 60퍼센트 이상으로 나타났다. 2019년 통계청 분석 결과에서도, 평균 가사 노동 시간이 여성 3시간 13분, 남성이 56분으로 여성이 세 배 이상 많은 시간을 쓰는 것으로 드러났다. 맞벌이 부부도 남편이 54분, 여성이 3시간 7분으로 비슷한 양상이 나타난다. 2022년 통계청 기준 가사를 공평하게 분담해야 한다는 견해가 과반수인 64.7퍼센트에 해당하는 등 이전보다 인식은 개선됐음에도 실제 가사 부담률은 성별에 따라 다르게 나타났다. 실제로 공평하게 가사를 분담하고 있다고 응답한 비율은 남편 21.3퍼센트, 아내 20.5퍼센트에 불과했다. 마찬가지로 2023년 기준 육아 휴직자 중 여성 비율이 73퍼센트에 달해, 대부분 여성에게 육아 부담이 쏠리고 있다.

특정 성별에 집중된 가사, 육아 부담을 분산시키지 않으면 경제 활동 참가 비중이 높아지고 있는 여성들이 육아를 기피하거나, 추가적인 자녀 출산을 포기하는 경향은 줄어들지 않을 것이다. 2021년 미국 피터슨국제경제연구소(PIIE) 보고서는 한국 저출산의 원인을 성차별적 구조에서 찾았다.[19] 전 세계 가장 높은 수준의 고등 교육을 받고, 경제적 자립도도 높은 한국 여성들은, 여성에게 치중된 가사 육아 부담과 경력 단절로 인해 결혼과 출산을 나쁜 거래(Bad Deal)로 인식하게 된다. 2022년 한국 여성들의 경제 활동 참가율은 54.6퍼센트로 OECD 평균인 53.2퍼센트보다 높은 상황이다. 맞벌이를 원하는 요즘 부모들은 결혼과 출산, 육아의 기회비용을 더 크게 느낄 수밖에 없다.

요즘 부모가 어려움을 겪고 있는 아이 돌봄 문제는 부모 개인의 문제가 아니다. 스웨덴의 저출생 위기 극복 방법을 다룬 책인 《인구 위기》는 여성이 돌봄을 전담하고, 남성이 경제적 역할을 담당하는 전통적인 자녀 양육 방법은 이미 합리적이지 않다고 말한다. 여성의 사회 진출에 따라 변화된 사회생활, 경제적 조건에 따라 여성은 비출산을 선택함으로써 '적응'하고 있다. 저자는 약화한 가정의 돌봄 기능을 사회적으로 확장해, 아동 보육의 사회화가 필요하다고 주장한다. 저자는 "가정이 양육 환경으로서 퇴보할 때, 학교나 사회는 단절된 가족의 돌봄 기능을 수행하고 아동의 집단 돌봄이 가능한 환경을 마련해 가정 돌봄을 효과적이고 무해하게 대체하고 불충분한 가정 돌봄을 사회로 확장하게 해야 한다."고 말하며 아이 돌봄 문제를 부모 개인의 문제로 보기보다 사회, 구조적 문제로 보고 지원할 필요가 있다고 말했다.[20]

아이 돌봄 인력 시장을 활성화할 필요도 있다. 요즘 부모들이 베이비시터를 어떻게 구하는지를 살펴보자. 대부분 '지인 또는 친인척의 소개로(75.6퍼센트)', 산모 도우미의 소개(9.4퍼센트)로 아이 돌볼 사람을 알음알음 구하고 있다. 물론 4.8퍼센트의 경우엔 인터넷 사이트를 통해서 구하기도 했다.[21]

최근 아이 돌봄을 양지화했다고 평가받는 '맘시터' 앱은, 아이 돌봄 매칭 플랫폼 서비스를 운영하고 있다. 돌봄 인력에 대한 신원 확인, 본인 인증, 아동 학대 성범죄 경력을 조회해 주고, 관련 육아 자격증과 가족 관계 증명서, 건강 검진 결과서도 검증한다는 점이 특징이다. 아이 돌봄 인력에 대한 투명한 정보 공개 및 부모-아이 돌보미 간 정보 비대칭을 해소한 앱으로 평가받는다. 아이를 외부에 맡기는 데 가장 걸림돌이 되는 부모의 불안감을 완화해 줄 수 있는 서비스인 것이다. 베이비시터의 투명한 정보 공개, 인증 제도 운영과 동시에 적절한 보상과 처우 개선도 필수적이다. 물론 일부 베이비시터의 자격 미달, 학대 논란이 있지만, 베이비시터에 대한 적절한 처우, 법적 보호 없이 좋은 서비스를 기대할 수는 없다.

언제나 믿고 맡길 수 있는 공공 보육 기관도 확충해야 한다. 아이가 아파서 어린이집을 이용하지 못할 때, 베이비시터가 갑자기 급한 사정으로 아이를 돌볼 수 없을 때, 갑작스러운 부모의 야근으로 인해 공백이 발생할 때, 비상시에도 유연하게 보육 기관을 활용할 수 있어야 한다. 보육 서비스를 양적으로 확대하는 것도 좋지만 그 질도 중요하다. 공공 보육 서비스가 있더라도 아이에게 문제가 지속적으로 발생하거나, 서비스의 질이 좋지 않다면 아이를 맡기기 어렵다.

한국가족사회복지학회 회장 백선희 교수는 2022년 11월 한 언론사 인터뷰에서 "보육 시설이 양적으로 증가했지만, 질적으로는 아직 미흡하다. 아동 학대 문제 등이 여전히 발생하고 있고 부모들은 '믿고 맡길 어린이집'이 부족하다"고 토로한다. "신뢰할 만한 우수한 보육 시설이 주변에 있다면, 조

부모에게 육아를 부탁하는 경우도 줄어들 것"이라고 말하기도 했다.[22] 질 높은 보육 서비스를 위해서는 전문적인 보육 교사들의 전문성과 경력에 맞게, 처우 및 근무 환경도 개선할 필요가 있다.

일과 육아를 병행할 수 있는 가족 친화적 기업 문화도 중요하다. 정부에서 육아 휴직제도의 법정 기간을 아무리 늘린다 해도, 부모가 그 제도를 마음 편히 사용할 수 없다면 무용지물이다. 육아 휴직이 형식적인 제도에 머무르는 것이 아니라, 자연스럽게 누구나 사용할 수 있는 문화가 조성돼야 한다. 롯데그룹의 경우 별도 신청, 승인 절차 없이 자동으로 육아 휴직이 시작되는 자동 육아 휴직 제도를 도입했다. 상사의 눈치를 보지 않고 자연스럽게 아이를 출산하면 육아 휴직을 쓸 수 있도록 한 장치다. 남성도 의무적으로 최소 한 달 이상 육아 휴직을 사용하도록 해 육아 휴직 사용률을 높였다. 조직 차원에서 육아 휴직을 장려함으로써 어린 아이를 둔 부모라면 누구나 출산 휴가, 육아 휴직을 가는 것이 자연스럽고 당연한 문화를 만든 것이다.

물론 육아 휴직 사용률을 높이고 육아 휴직 사용 기간을 늘리는 것도 중요하지만, 장기적으로는 휴직을 사용하지 않고 일을 병행하면서도 같이 육아할 수 있는 육아 친화적 조직 문화가 조성돼야 한다. 2023년 일본 후생노동성은 3세 미만의 자녀를 둔 근로자들을 대상으로 원격 근무를 가능하게 하고, 미취학 자녀를 둔 근로자들에게는 야근 면제권을 적용한다는 정책을 발표했다. 만약 업무 여건상 원격 근무가 불가능하다면 근무 시간을 조정할 수 있는 유연 근무제를 활용하도록 하고 있다. 이처럼 어린 아이를 양육하는 근로자에게 원격 근무와 유연 근무를 우선 사용할 수 있도록 하고, 특정 시간 이후에 회의나 야근을 제한하거나, 긴급 자녀 돌봄 휴가를 제공해 업무의 유연성을 확보해 주는 것도 방법이다. 이미 일부 국내 기업들은 언제든 안심하고 아이를 맡기고 찾을 수 있는 사내 어린이집을 확충하거나, 직접 아이 돌봄 서비스를 연계해주는 등 육아기 근로자들의 부담을 덜기 위한 복지 제도를 확대하고 있다.

# 날로 커지는 경제적 부담

## 아이를 키울 여력이 없다

"결혼하면서 신혼집을 매수할까 생각 중이에요. 집을 사고도 과연 아이를 낳을 수 있을까요? 아이를 낳는 것을 포기해야 할지, 집을 포기해야 할지 고민이에요. 딩크족은 아니지만 집을 선택한다면 아이를 포기해야 하지 않을까 싶어요."(A씨)

"지금도 사는 게 버거운데, 아이를 낳으면 얼마나 들지 가늠이 안 되니 엄두도 안 나요. 주변에서 아이를 기르면 돈이 많이 들고 힘들다고 하는데. 2~3년 후에나 다시 생각해 보려고요."(B씨)

밀레니얼 세대 사이에서는 최근 몇 년간 치솟은 집값, 고용 불안정으로 인해 경제적 불안감이 높게 나타난다. 올해 결혼을 앞둔 1994년생 A씨는 신혼집을 구하는 중이다. 나날이 오르는 전세금을 보면서 차라리 무리해서라도 집을 마련해야 하나 고민이 깊다. 집을 마련할 경우 거의 맞벌이 부부 한 명의 월급에 해당하는 대출 원리금을 매달 감당해야 한다. 그와 동시에 아이를 키울 수 있을지는 의문이다. 결혼 1년 차, 1993년생 대기업 계열사에 다니는 맞벌이 부부 B씨도 비슷한 고민을 하고 있다.

2023년 한국은행이 낸 보고서에 따르면, 출산을 늦추거나 포기하는 이유는 아이 양육 및 교육 비용이 부담(44퍼센트)되거나, 주거가 불안정(15퍼센트)하고, 고용이 불안정(7퍼

## 출산을 망설이거나 늦추거나 포기하는 가장 큰 이유

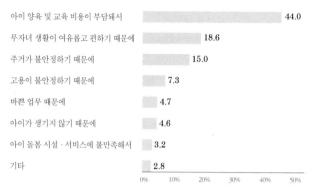

| | |
|---|---|
| 아이 양육 및 교육 비용이 부담돼서 | 44.0 |
| 무자녀 생활이 여유롭고 편하기 때문에 | 18.6 |
| 주거가 불안정하기 때문에 | 15.0 |
| 고용이 불안정하기 때문에 | 7.3 |
| 바쁜 업무 때문에 | 4.7 |
| 아이가 생기지 않기 때문에 | 4.6 |
| 아이 돌봄 시설·서비스에 불만족해서 | 3.2 |
| 기타 | 2.8 |

0%　10%　20%　30%　40%　50%

* 출처: 한국은행. 기혼자 포함 2000명 대상

센트)하기 때문이라는 '경제적 이유'가 가장 컸다.[23] 경제적 부담 중에서도 주거비를 떠올렸을 때 희망 자녀 수가 통계적으로도 유의미하게 낮아졌다. 교육비, 의료비보다도 주거비가 희망 자녀 수에 가장 큰 영향을 미친다는 것을 알 수 있는 대목이다. 2030 세대가 5년 내 이루고 싶은 인생 목표 1위가 '내 집 마련'인 만큼[24], 내 집 마련이 목표인 사람도, 혹은 소위 '영끌'로 대출을 받아 내 집을 마련한 경우 주거비에 대한 부담을 크게 느끼게 된다. 최근 급격히 오른 집값으로 인해 내 집 마련이라는 목표 달성에 투입되는 비용이 점점 증가함에 따라 더욱 출산 이후 예상되는 양육 비용을 부담스럽게 여기고 출산 자체를 기피하는 경향이 나타나고 있다.

서울의 경우 내 집 마련은 더욱 현실성 없이 다가온다. 상황은 더더욱 심각해지고 있다. 대출 없이 집을 마련하려면 월급을 하나도 쓰지 않은 채로 2018년에는 9.6년 정도 모으면 됐지만, 2022년에는 15.2년을 모아야 한다.[25] 국제 주택 가격 조사에 따르면 2022년 기준 전 세계에서 주택 구입 부담이 가장 큰 홍콩은 소득 대비 주택 가격(Price Income Ratio·PIR)이 18.8이었다. 호주 시드니가 13.3, 캐나다 밴쿠버는 12였다. 서울은 주택 구매 부담이 15.2로 세계 2위 수준이다.

실제 소득, 집값, 대출 금리까지 고려해 주택 구매의 부담을 계산해 본 결과, 2023년 4분기 기준 중간 소득 가구가 서울의 중간 가격의 집을 구매한다고 했을 때, 소득의 39퍼센트를 주택 담보 대출 원리금으로 상환해야 한다. 이는 최저점이었던 2015년 1분기 21퍼센트 대비 약 두 배 높은 수준이다. 서울의 집을 구매한다고 했을 때, 연 소득의 거의 절반을 투자해야 하는 셈이다.[26] 가계 소비 중 주택 관련 지출 비중이 1퍼센트 증가할수록 여성 1인당 출생아 수가 0.014명 줄어든다는 OECD 연구 결과도 있다.[27] 이미 오른 집값으로 안정적인 내 집 마련이 쉽지 않은 상황에서 아이를 낳는 것은 개인에겐 큰 리스크다.

실제 OECD 19개국의 집값과 출산율 간의 관계를 분석

한 결과, 집값이 높을수록 출산율이 낮아졌다. 국내 연구에 따르면, 집값 상승은 자가가 아닌 전세로 사는 가구의 출산율 하락에 더 큰 영향을 미쳤다.[28] 아파트 매매가가 10퍼센트 상승할 때 전세 가구가 자가 가구보다 약 1.06퍼센트 출산율이 감소한 반면, 자가 가구의 경우 출산율이 상승했다. 미국과 영국에서 진행된 연구에서도 비슷한 결과가 나타났다.[29] 자가 가구의 경우에는 집값 상승이 출산율을 상승시켰으나, 임차 가구에서는 감소시키는 효과가 있었다.

'세상살이 설움 중에 집 없는 설움이 가장 크다'는 말이 있을 정도다. 집은 필수적인 삶의 공간이자, 안전한 장소인 피난처, 심리적 안정감의 근원이다. 국토교통부가 발표한 2022년 주거 실태 조사에 따르면 국민의 89.6퍼센트는 '내 집을 꼭 마련해야 한다'고 응답했다. 집 없이 임차하는 경우 주거 안정성을 느끼기 어렵고 이는 출산에도 부정적 영향을 미칠 수밖에 없다. 요즘 부모들은 치솟은 집값으로 인해 내 집 마련과 자녀 출산이라는 삶의 목표 중 하나는 선택하고, 나머지는 포기하고 있다.

2021년 미국 퓨 리서치 센터Pew Research Center는 〈무엇이 삶을 의미 있게 만드는가?〉라는 제목의 보고서를 통해 사람들에게 삶을 의미 있게 하는 것이 무엇인지에 대한 질문을 던졌다.[30] 17개국 중 14개 국가는 삶을 가장 의미 있게 하는 것

## 국가별 삶의 의미의 원천

| 국가 | 1위 | 2위 | 3위 |
|---|---|---|---|
| 대한민국 | 물질적 풍요 | 건강 | 가족 |
| 호주 | 가족 | 직업 | 친구 |
| 뉴질랜드 | 가족 | 직업 | 친구 |
| 스웨덴 | 가족 | 직업 | 친구 |
| 프랑스 | 가족 | 직업 | 건강 |
| 그리스 | 가족 | 직업 | 건강 |
| 캐나다 | 가족 | 직업 | 물질적 풍요 |
| 싱가포르 | 가족 | 직업 | 사회 |
| 네덜란드 | 가족 | 물질적 풍요 | 건강 |
| 벨기에 | 가족 | 물질적 풍요 | 직업 |
| 일본 | 가족 | 물질적 풍요 | 직업 |
| 영국 | 가족 | 친구 | 취미 |
| 미국 | 가족 | 친구 | 물질적 풍요 |
| 독일 | 가족 | 직업/건강 | |
| 이탈리아 | 가족/직업 | | 물질적 풍요 |
| 스페인 | 건강 | 물질적 풍요 | 직업 |
| 대만 | 사회 | 물질적 풍요 | 가족 |

* 출처: Pew research center

으로 '가족'을 꼽았다. 반면 한국은 '물질적 풍요(Material Well-being)'를 1위로 꼽았다. 2위가 '건강', 3위가 '가족'이었다. 한국 응답자들이 생각하는 물질적 풍요란 식사 수준, 주거 수준, 가족을 부양할 수 있는 적절한 소득, 빚이 없는 상태 등으로 나타났다. 가족을 이루는 것도 중요하지만, 무엇보다 먼저 물질적 풍요를 달성해야 한다는 의무감, 부담감이 반영된 결과다.

왜 유독 한국에서는 물질적 풍요를 중시하고, 아이를 낳고 기르는 데 경제적 부담을 느끼는 것일까? 한국에서 아이를 낳고 기르는 데는 얼마나 많은 돈이 들까.

## 출산 준비 리스트부터 시작하는 육아템

"아이는 다 자기 먹을 것을 갖고 태어난다"는 말이 있다. 아무리 경제적으로 힘들어도 아이를 기를 방법은 있다는 것이다. 요즘 부모의 생각은 조금 다른 것 같다. 한국이 경제적으로 풍요로워진 것은 사실이지만, 개인이 느끼는 출산과 양육에 대한 두려움과 불안감은 점점 더 커져 가고 있다. 실제, 출산까지 드는 비용만 보면 필수 산전 검진 비용 및 영양제 구입 비용, 산후조리원, 산후 마사지 비용, 태교 여행 등을 포함해 최소 500만 원에서 최대 2000만 원까지도 소요된다.[31]

보통 임신을 하게 되면 임산부 사이에서 공유되고 있는

# 대한민국 양육비 계산기를 통한 출산 비용 비교 예시

## 최소 금액

| **1단계 명세표** | | | |
|---|---|---|---|
| 품명 | (월)단가 | 개월 | 금액 |
| 출산 전 필수검진 | | | |
| | 500,000 | 1회 | 500,000 |
| 기형아검사 - 기본 | | | |
| | 50,000 | 1회 | 50,000 |
| 이동흡흡 - 실속형 | | | |
| | 500,000 | 1회 | 500,000 |
| 육아 필수템 - 19종 | | | |
| | 725,000 | 1회 | 725,000 |
| 산후조리원 - 중간급 | | | |
| | 3,500,000 | 1회 | 3,500,000 |
| 분만 - 자연분만 | | | |
| | 200,000 | 1회 | 200,000 |
| 분만 - 2일 입원, 다인실 | | | |
| | 40,000 | 1회 | 40,000 |
| **1단계 지출액** | | | **5,515,000원** |

## 최대 금액

| **1단계 명세표** | | | |
|---|---|---|---|
| 품명 | (월)단가 | 개월 | 금액 |
| 출산 전 필수검진 | | | |
| | 500,000 | 1회 | 500,000 |
| 기형아검사 - 장수 | | | |
| | 800,000 | 1회 | 800,000 |
| 이동흡흡 - 고급형 | | | |
| | 3,900,000 | 1회 | 3,900,000 |
| 아기옷 세탁기 | | | |
| | 300,000 | 1회 | 300,000 |
| 젖병 소독기 | | | |
| | 200,000 | 1회 | 200,000 |
| 음기실접기 | | | |
| | 400,000 | 1회 | 400,000 |
| 육아 필수템 - 43종 | | | |
| | 1,278,000 | 1회 | 1,278,000 |
| 사설 태아실비의료보험 - 30세 만기 | | | |
| | 50,000 | 10 | 500,000 |
| 산후조리원 - 최고급 | | | |
| | 10,000,000 | 1회 | 10,000,000 |
| 산후조리원 - 마사지 | | | |
| | 1,000,000 | 1회 | 1,000,000 |
| 섭참앨범 - 고급 | | | |
| | 2,500,000 | 1회 | 2,500,000 |
| 태교여행 - 국내 | | | |
| | 500,000 | 1회 | 500,000 |
| 분만 - 제왕절개 | | | |
| | 1,000,000 | 1회 | 1,000,000 |
| 분만 - 5일 입원, 1인실 | | | |
| | 1,250,000 | 1회 | 1,250,000 |
| **1단계 지출액** | | | **24,128,000원** |

출처: 동아일보 〈2019 대한민국 양육비 계산기〉

'출산 준비 리스트'를 접하게 된다. 출처마다 조금씩 다르지만, 대부분 필수 출산 준비 아이템 개수만 50개 이상이다. 이 물품들을 다 새로 구매할 것인지, 어떤 브랜드를 어느 채널에서 구매할 것인지는 모두 부모의 선택에 따라 달려 있다. 요즘 부모는 '육아는 장비빨', '국민 육아템', '필수 육아템'이라는 단어들을 들으며, 마치 리스트에 있는 물품들이 다 필요한 것처럼 느끼게 된다. 만약 출산 준비 아이템을 모두 새로 장만하거나, 고가의 프리미엄 브랜드로만 구매하게 된다면 그 비용만 수백만 원에 달한다. 게다가 아기용 세탁기, 공기청정기, 가습기, 카시트, 유모차 등 내구재 및 전자 용품까지 마련한다면 수백만 원이 더 든다. 2024년 기준 국민템으로 불리는 출산 준비 리스트를 모두 새로 구매한다고 했을 때 비용을 더해 보면 대략 700만 원 이상의 비용이 필요하다.

　무엇보다 '국민템'이라는 이유로 사지 않으면 안 될 것 같은 느낌에 구매하는 물품들도 많다. 짠테크, 무지출 챌린지를 하며 살림살이를 아끼던 요즘 부모들도 아이를 위한 물품을 사는 데까지 돈을 아끼기는 쉽지 않다. 실제 2인 가구 대비 3인 가구는 출산 후 17퍼센트가량 지출이 늘어나게 된다.[32] 요즘 부모들과 가족들은 한 아이에게 아낌없이 소비하는 경향이 나타난다. 특히, 아기의 안전이나, 건강에 관계될 경우 더욱 프리미엄 제품을 사용하려 한다. 유아 관련 용품들은 사

# < 출산준비 체크 리스트 >

## 수유용품

| 필수 | 항목 | Check |
|---|---|---|
| ★ | 젖병 | |
| ★ | 젖꼭지 | |
| ★ | 젖병세척솔 | |
| ★ | 젖병집게 | |
| | 젖병건조대, 보관함 | |
| | 모유저장팩 | |
| | 분유보관목, 케이스 | |
| | 보틀워머 | |
| | 분유제조기 | |
| | 전기포트 | |
| | 젖병소독기 | |
| ★ | 유축기 | |
| ★ | 분유 | |
| ★ | 보온병 | |
| | 유두보호기 | |
| | 수유패드 | |
| ★ | 수유쿠션/시트 | |
| | 수유등/수유동 | |
| | 모유축진자 | |

## 아기 놀이용품

| 필수 | 항목 | Check |
|---|---|---|
| | 스럽, 바운서 | |
| | 아기조절책 | |
| ★ | 모빌 | |
| | 아기체육관 | |
| | 노리개꽂꽂지(쪽쪽이) | |
| ★ | 딸랑이/치발기 | |
| | 쪽쪽이/치발기 케이스 | |
| | 쪽쪽이 클립/끈 | |
| | 애착인형 | |
| | 쩜퍼루 | |
| | 유아안전용품 | |

## 산모용품

| 필수 | 항목 | Check |
|---|---|---|
| | 수유복 | |
| | 수유브라 | |
| | 산모방석 | |
| | 회복기 | |
| ★ | 산전후 복대 | |
| ★ | 손목 보호대 | |
| ★ | 튼살크림/오일 | |
| ★ | 훗크림/핸드크림/헤어팩 | |
| | 회음부스프레이 | |
| | 유두 보호크림 | |
| | 흡터치료제, 방수테이프 | |
| ★ | 산모수연양말 | |
| ★ | 영양제 | |
| ★ | 산모패드 | |
| | 책 | |

## 아기 목욕 & 위생용품

| 필수 | 항목 | Check |
|---|---|---|
| | 온습도계 | |
| | 항온계 | |
| ★ | 손톱가위 | |
| ★ | 신생아 면봉 | |
| | 콧물흡입기 | |
| ★ | 환솟 | |
| | 스펀지 | |
| | 아기 욕조 | |
| | 아기 비데, 수전 | |
| | 손가락칫솔 | |
| | 신생아샴푸 | |
| ★ | 바스워싱푸 | |
| ★ | 로션, 크림, 수딩젤 | |
| | 베이비오일 | |
| ★ | 기저귀발진크림/파우더 | |
| | 침독크림 | |
| | 구강청결티슈 | |
| | 바스타올 | |
| ★ | 손수건(가제수건) | |
| ★ | 물티슈 | |
| | 사워필터 | |

## 아기침구류

| 필수 | 항목 | Check |
|---|---|---|
| | 아기침대 | |
| | 범퍼가드 | |
| | 역류방지쿠션 | |
| ★ | 아기매트/놀이매트 | |
| ★ | 어블세트 | |
| ★ | 겉싸개 | |
| ★ | 속싸개 | |
| ★ | 블럽킷/아기담요 | |
| ★ | 방수요 | |
| ★ | 아기빽게 | |
| ★ | 보더기 | |

## 세제류

| 필수 | 항목 | Check |
|---|---|---|
| ★ | 젖병세정제 | |
| | 세탁세제 | |
| | 섬유유연제 | |
| | 세탁비누 | |
| ★ | 베이킹소다 | |
| ★ | 과탄산소다 | |
| ★ | 구연산 | |
| | 육조크리너 | |
| | 재규스프레이 | |
| ★ | 손소독제 | |
| ★ | 핸드워시 | |
| | 세탁망 | |

## 아기옷 & 기저귀

| 필수 | 항목 | Check |
|---|---|---|
| ★ | 배냇저고리/배냇가운 | |
| ★ | 내의 | |
| | 비디슈트 | |
| ★ | 우주복 | |
| ★ | 손,발싸개 | |
| | 양말 | |
| | 신생아모자 | |
| | 턱받이 | |
| | 베이비장 | |
| ★ | 일회용기저귀 | |
| | 천기저귀 | |
| | 기저귀커버 | |
| | 기저귀갈이대 | |
| | 기저귀스레기통 | |
| | 기저귀보관함 | |

## 외출용품

| 필수 | 항목 | Check |
|---|---|---|
| ★ | 카시트 | |
| ★ | 유모차 | |
| ★ | 유모차커버 | |
| | 유모차패드 | |
| | 아기 목보호 쿠션 | |
| ★ | 아기띠/힙시트 | |
| | 기저귀가방 | |
| | 아기 지퍼백 | |
| ★ | 휴대용선풍기/손선풍기 | |
| | 후방거울 | |

## 상비약

| 필수 | 항목 | Check |
|---|---|---|
| ★ | 체온계 | |
| ★ | 비판텐 | |
| ★ | 리도멕스 | |
| ★ | 소독약/소독솝 | |
| ★ | 해열제 | |
| ★ | 타이레놀 | |

## 가구 & 가전

| 필수 | 항목 | Check |
|---|---|---|
| | 트롤리 | |
| ★ | 범보의자/식탁의자 | |
| | 풀티슈워머 | |
| | 건조기 | |
| | 아기세탁기 | |
| | 빈트베이저 | |
| | 공기청정기 | |
| | 매포리스 살균기 | |
| ★ | 가습기 | |
| | 식기세척기 | |

출산 준비 체크 리스트. 출처: 마더스베이비

용 주기가 짧음에도 불구하고 자신의 아이에게는 최고의 것을 주고 싶은 부모의 마음 때문이다.

물론 최근에는 임신 출산 지원금 증액, 부모 급여 도입으로 정부 지원금이 늘면서 출산 전후 발생하는 비용에 도움을 주고 있다. 저출산고령사회위원회에 따르면, 2024년 기준 1인당 0세~7세까지 현금성 정부 지원금으로 총 2960만 원을 지원받는다. 0세 1520만 원, 1세 720만 원, 2세부터 7세까지 매년 120만 원을 지원받는다. 현금성 정부 지원이 대부분 0~1세에 집중돼 있음을 알 수 있다. 이 지원금은 초반에 필요한 출산, 육아 용품을 구매하는 데 주로 사용된다. 단, 출산과 동시에 아기를 위한 카시트, 유모차, 자동차와 같이 금액이 큰 내구재를 구매하거나, 300만 원 이상의 산후조리원 비용을 낼 경우, 정부 지원금으로는 부족해 모아둔 돈을 소진하거나, 빚을 내는 부모들도 있다.

육아는 장기전이다. 이르면 유치원 때부터, 초등학교 때부터 본격화돼 자녀가 성인이 되기까지 점점 늘어나는 교육비를 감안한다면 영유아 시기 이후 현금성 지원은 턱없이 부족한 수준이다. 실제 통계에 따르면 연 소득 3600만 원 미만 저소득 가구의 경우엔 자녀를 낳음으로써 미래를 위한 저축 여력이 없어지거나 적자가 발생하는 경우가 많았다.[33]

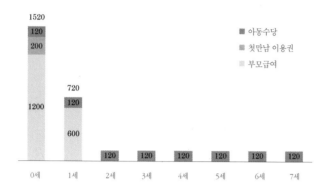

* 저출산고령사회위원회 자료를 참고해 저자가 재구성[33], 단위: 만 원

## 높아지는 객단가, 프리미엄화된 영유아 산업

저출산이라고 하지만, 영유아 산업 규모는 2002년 8조 원에서 2007년 19조 원, 2012년 27조 원, 2020년 40조 원을 넘어 꾸준히 성장 중이다.[34] 저출산으로 인해 수요는 줄었지만 오히려 객단가는 높아지면서 육아 용품들은 프리미엄화되고 있다. 온라인 판매업체 옥션에 따르면, 2022년 1분기 기준 육아 용품의 객단가는 대부분 상승했다. 특히 육아 필수 품목인 분유, 기저귀의 객단가는 각각 전년 대비 16퍼센트, 19퍼센트 증가했다. 이외에도 유아 침대와 가구의 객단가도 47퍼센트, 수유 용품 35퍼센트, 유아의자 26퍼센트, 유모차와 카시트도

## 매년 증가하는 유아 용품 판매액

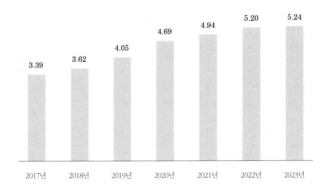

* 출처: 통계청(온라인 쇼핑 동향 조사)[35], 단위: 조 원

8퍼센트 증가했다. 영유아 산업 규모의 증가와 객단가 증가는, 저출산 시대에 한 아이에게 투자하는 비용이 증가하면서 오히려 인당 양육비가 증가하고 있음을 보여 준다. 아이 수가 한 명으로 줄었다고 해서 돈이 덜 드는 게 아니라, 오히려 부모가 한 아이에게 집중적으로 투자하는 경향이 나타나면서 아이에게 드는 비용이 이전보다 더 증가한 것이다.

부모, 조부모 이외에 아이 주변 가족, 친척, 지인까지도 지갑을 연다는 텐포켓10 pocket, 왕자, 공주 대접을 받고 자라는 아이들을 의미하는 골드 키즈Gold Kids, VIB(Very Important Baby)라는 단어가 보여 주듯, 요즘 부모들은 한 명의 자녀에게 집중적으로 투자(all-in)한다. 요즘 부모들의 이런 프리미엄 육아 용품 선호에 따라, 국내 주요 백화점에서는 아동 관련 프리미엄 명품 매장이 늘었으며, 2022년 아동 카테고리 매출 또한 20퍼센트 수준으로 성장하고 있다.[36]

저출산이라는 단어가 무색하게 돌잔치 장소 예약도 쉽지 않다. 수개월 전부터 예약하지 않으면 원하는 시간에 돌잔치를 할 수 없다. 수백만 원에 달하는 호텔 돌잔치도 예약이 꽉 차있다. 하나뿐인 아이에게 한 번뿐인 첫 생일잔치를 성대하게 치르고 싶은 부모 마음이 반영된 것이다. 돌잔치는 '제2의 결혼식'이라고 불리는데, 결혼식 때는 부부의 스튜디오, 드레스, 메이크업만을 신경 썼다면, 돌잔치 때는 아이의 드레스와 사진까지도 신경 써야 한다. 아이와 부모의 예복, 가족 스냅 사진, 메이크업에 돌상, 식대까지 합하면 직계 가족 위주로 소규모로 진행한다고 하더라도, 보통 100만 원에서 1000만 원까지도 소요된다.

비슷한 기능을 가진 육아 제품이더라도 브랜드에 따라 가격은 천차만별이다. 가제 손수건만 해도 50장에 10만 원하는 브랜드가 있는가 하면, 3만 원이면 구매할 수도 있는 브랜드도 있다. 유모차만 해도 200만 원이 넘는 고가 유모차가 '국민 유모차', 70만 원 상당의 유아 의자가 '국민 유아 의자'로 회자하기도 한다. 국민 유아 의자로 불리는 스토케 트립트

랩은 품절로 인해 6개월 전에 예약 구매해야 겨우 받을 수 있는 상황이다. 이처럼 출산에 필요한 육아 아이템의 종류와 평균적인 가격도 높아지면서, 점차 출산과 양육에 필요한 비용 부담이 커지고 있다.

물론, 주변에서 물품을 물려받거나, 선물을 받는다면 그 비용은 절감될 수 있다. 부모의 선택에 따라 육아 용품 및 장난감 대여점을 이용하거나, 중고 거래를 잘 활용한다면 육아 관련 물품을 합리적인 가격으로 준비할 수 있다. 아이를 기르는 것 자체에는 많은 돈이 들지 않을 수 있다. '육아는 장비빨'이라고 하면서 '국민템'을 구매하지만 그런 육아 용품이 없는 시절에도 아이는 잘 자랐다. 아이의 월령에 맞는 장난감을 매번 사들이지 않더라도, 충분히 놀이를 즐길 수 있고 가족과의 상호 작용만으로도 아이에게 충분한 즐거움을 줄 수 있다.

그럼에도 불구하고 왜 요즘 부모들은 비싼 호텔 돌잔치를 예약하고, 값비싼 유모차를 사고, 불필요하게 많은 장난감을 구매할까? 이들의 허영심 때문일까? 이 이면에는 세대의 특성이 있다. 요즘 부모, 즉 밀레니얼 세대는 20대부터 치열한 취업 경쟁을 뚫어 내기 위해 스펙을 쌓았고, 남들에게 뒤처지면 안 된다는 강박 관념을 가진 채 '갓생'과 '루틴 만들기'로 자신을 계발하며 살아왔다. 완벽주의적 성향이 강해질 수밖에 없었던 것인데, 이러한 세대적 특성이 육아에까지 영향을 미쳤다. 밀레니얼 세대 부모는 육아 영역에서도 높은 기준을 갖고 완벽을 좇는다.

게다가 육아와 관련한 SNS 활동이 활발해지면서 수많은 육아 정보가 실시간으로 공유되고 있다. 전 세계 상위 1퍼센트의 육아 생활도 언제든 접할 수 있으며 유명인과 연예인의 활발한 육아 라이프는 그 자체로 콘텐츠가 됐다. 화려한 육아 일상과 자신의 육아를 비교할 수밖에 없는 환경이라는 뜻이다. 육아 정보의 홍수 속에서 자신이 빠트린 것은 없는지, 남들과 비교해 아이가 뒤처지지 않을지 등을 걱정하게 된다. 육아에 대한 불안감이 커질 수밖에 없다.

## 유치원부터 시작되는 사교육비 부담

10~20년 전과는 차원이 다른 사교육 경쟁이 펼쳐지고 있다. 저출산으로 아이가 적어졌으니 경쟁이 덜해졌을까 싶지만, 사교육으로 인한 경쟁은 더 이상 과열될 수 없는 수준으로 치닫고 있다. 유치원 시절부터 시작하는 영어 공부부터 초등학교 때부터 시작하는 고등학교 선행 학습까지 경쟁의 기간은 늘어나고 그 경쟁의 정도 또한 나날이 심해지고 있다.

"영어 유치원은 저희 형편에는 엄두도 못 내지만, 무리해서라도 보내야 하나 고민이에요. 요즘에는 영어 유치원 안

가면 뒤처진다는데……. 어떻게 해야 할지 모르겠어요."

아기가 초등학교 들어가기 전에는 돈을 많이 모을 수 있다고들 말하지만, 요즘의 상황은 또 다르다. 사교육 시작 시점이 초등학교에서 유치원으로 내려오면서 생긴 변화다. 3~4세 아이를 둔 요즘 부모들의 고민은 바로 '영어 유치원'에 보낼 것인지 말 것인지다. 2023년 교육부가 조사한 결과, 영어 유치원의 월평균 교습 비용은 175만 원이다. 1년 치로 환산하면 약 2100만 원 정도다. 게다가 교재비, 재료비, 통학 차량비, 급식비까지 포함하면 한 사람의 최저 임금 연봉 수준인 2400만 원에 달한다.

돈이 충분하다고 해서 모든 사람이 다 갈 수 있는 것도 아니다. 레벨 테스트를 통과해야 하거나, 선착순으로 입금되는 순서로 등록을 시켜 주는 영어 유치원도 있다. 보통 입금순으로 등록하는 인기 영어 유치원의 경우 빠르게 마감되기 때문에, 매크로 프로그램을 활용해 빠르게 입금을 해주는 업체가 등장하기도 했다.

'4세 고시'라는 말이 생길 정도로 경쟁도 치열하다. 유명 영어 유치원에 입학하기 위해 입학 테스트를 보고, 그 테스트를 잘 보기 위해 과외를 받고, 시험 족보까지 거래하는 사람도 생기는 상황이다. 이런 어려운 상황에서도 요즘 부모들 사이에서 영어 유치원은 포기하기 어려운 존재다.[37] 3세, 한글이

서툴고 글자를 제대로 쓰지 못하는 나이임에도 불구하고 빠르게 영어를 배울 수 있고 동시에 돌봄 서비스도 받을 수 있기 때문이다.

영어 유치원의 인기가 많아지면서, 교습비도 매년 증가하고 그 수도 증가하는 추세다. 영어 유치원은 2017년 474개에서 2023년 842개로 5년 만에 1.8배 급증했다. 어린이집이나 유치원은 정부 지원으로 거의 무료임에도 불구하고 폐원위기에 처한 것과는 상반된다. 어린이집은 2013년 정점 이후지속 감소하고 있으며, 특히 민간, 가정 어린이집의 경우 2017년 대비 2022년 각각 약 30퍼센트, 40퍼센트 감소했다. 사립 유치원도 상황이 크게 다르지 않다. 전국 사립 유치원은 2017년 대비 2022년 20퍼센트 줄었다.[38]

'초등 의대반'은 이미 많은 사람이 알고 있는 사회 현상이 됐다. 초등 의대반에서는 초등학교 고학년 때 이미 고등학교 과정인 수학의 정석을 푼다. 이제는 유치원에도 의대 준비반이 있다. 초등학교에 들어가기도 전에 유명한 수학 학원에 입학하기 위해 한글 과외를 받는다. 초등학교 입학 전 수학 사교육을 받는 경우(70.6퍼센트)가 영어(61.3퍼센트)보다도 더 많았다.[39] 초등학교 입학 전부터 사교육에 노출되는 것이다. 실제 0~6세 영유아 사이에서도 학원에 다니는 경우가 22퍼센트를 차지했다. 아이들은 사교육에 주당 3.9시간을 썼다. 요즘 부모들은 사교육비가 부담됨에도 불구하고, 부모들은 다른 아이들에 뒤처질까 걱정돼서(36퍼센트), 자녀의 재능이나 소질을 개발하기 위해서(30.5퍼센트) 학원을 보내고 있었다.[40]

초등학교에 들어가면 상황은 더욱 심각하다. 초등학생들은 방과 후 학원 셔틀버스를 타고 매일 1~2개의 학원을 순회하며 '학원 뺑뺑이'를 돈다. 초등학교 때 사교육 참여율은 85.2퍼센트로 가장 높고[41], 초등학생들의 방과 후 공부 시간은 중, 고등학생보다 더 많다. 초등학생은 평균 오후 3시 15분부터 8시 20분까지 약 다섯 시간 넘게 공부하는 것으로 나타났다.[42]

초등학생 사교육은 돌봄 공백을 해소하려는 목적이 크다는 특징을 보인다. 실제 초등학생 학부모들은 중고등학교와 달리 사교육을 활용하는 이유를 '진학 준비'보다는 '보육, 불안 심리, 친구 사귀기'와 같은 돌봄을 18퍼센트로 꼽았다.[43] 부모가 맞벌이인 경우, 사교육은 돌봄을 위한 어쩔 수 없는 선택이다. 맞벌이가 아니더라도 초등학생 아이들 10명 중 8~9명이 학원에 다니다 보니, 마음처럼 학원을 안 보내기가 쉽지 않다는 것도 하나의 원인이다. 아이가 친구를 사귀기 위해서라도 학원에 갈 수밖에 없다는 이야기도 나온다.

"저는 이전부터 우리 아이만큼은 절대 과하게 사교육을 시키지 말아야겠다고 생각했어요. 그런데 막상 아이가 초등학생이 되니 이 학원, 저 학원을 보내 달라고 하니 막상 보내주지 않을 수 없더라고요. 학원에서 친구들과 만나고 놀 수 있는 상황이다 보니 우리 아이만 혼자 내버려 둘 수도 없고요. 매달 순수 학원비만 110만 원인데 부담되는 건 사실이에요. 학원비 말고도 매달 식비, 생활비도 나가는데…… 만약 둘째를 낳는다면 여기에 두 배라는 건데 정말 부담이 클 것 같아요."

예전이나 지금이나 부모들에게 사교육의 의미는 남다르다. 식비나 의류비를 줄이더라도 교육비는 줄이지 않는 경향도 나타난다. 통계청 자료에 따르면 미혼 자녀를 둔 가구의 경우 2023년 3분기 기준 월평균 지출의 약 15퍼센트를 교육비로 사용하고 있었다. 심지어 소득이 상대적으로 낮은 가구에서도 식비와 주거비보다 더 많은 수준의 교육비를 쓰고 있었다. 부모들 사이에서 사교육 경쟁이 심화하면서 사교육비 총액도 2023년 역대 최대 수준인 27조 1000억 원을 기록했다. 저출산으로 학령인구가 줄었음에도 총 규모는 늘어난 것이다. 사교육비 지출 비용은 GDP 1.1배 수준으로, OECD 평균 0.8배 대비 높은 수준이다.[44] 2019년《동아일보》가 만든 양육비 계산기에 따르면 평균적으로 아이가 태어나서 대학 졸업하기까지 약 3억 8200만 원이 필요한 것으로 나타났다. 중위 소득 가구의 약 10년 치 연봉이 한 아이를 기르는 데 쓰인

다는 의미다.[45]

　　사교육비는 결혼을 막는 주요 요인은 아니지만, 둘째 이상의 자녀를 낳는 데는 부정적 영향을 끼치는 요인으로 지목되고 있다.[46] 사교육비 지출이 매년 커짐에도 불구하고 부모는 자녀의 미래를 포기하지 못한다. 이로 인해 부모의 자산 상황도 위태로워진다. 저축 여력이 사라지고 은퇴를 대비하지 못해 노인 빈곤층의 양산으로 이어질 수도 있는 것이다. 게다가 사교육은 가구 소득에 따른 교육 양극화를 부른다. 월 가구 소득이 높을수록 사교육 참여율도 높고 지출 비용도 크다. 가구 소득이 높을수록 교육비 투자가 늘어나고, 실제 학업 성취도도 높게 나타나면서 교육이 오히려 계층을 고착화하고 불평등을 심화시키는 도구가 되고 있다.[47]

## 황금 티켓 증후군 위의 사교육

요즘 부모들이 초등학교 입학도 하지 않은 어린 자녀에게 사교육을 시키는 이유는 무엇일까. 최종적으로 영어 유치원부터 시작해 사립 초등학교, 명문대, 대기업까지 연결되는 경쟁에서 아이가 남들에 뒤처지지 않게 하려고 사교육을 시키는 경우가 많다. 학교 성적, 학벌이 성공을 담보하는 시대는 아니라는 것을 알지만, 부모로서는 다른 모든 아이가 하는 것을 우리 아이에게만 시키지 않는 것 자체가 큰 불안으로 다가오기 마련이다.

OECD 보고서에서는 한국 저출산의 원인을 '황금 티켓 증후군(Golden Ticket Syndrome)'이라 꼬집기도 했다. 명문대 입학, 대기업이나 공기업에 들어가기 위해 온 국민이 혈안이 돼있다는 것이다.[48] 한국 사회는 겉으로는 다양한 삶과 라이프스타일을 인정하는 것 같지만, 들여다보면 획일적인 성공 기준이 있다. 명문대에 진학해 대기업, 전문직으로 취직해 돈을 많이 버는 것이 성공한 인생이라는 도식에서 벗어나기 어렵다. 아이들의 적성과 흥미와는 무관한 획일화된 사회적 성공 경로를 강요함으로써 아이와 부모 모두 불행한 소모적인 경쟁을 하는 것은 아닌지 이제는 짚어볼 시점이다. 우리 사회는 다양한 사람들을 획일화된 기준으로 평가함으로써 너무 많은 아이에게 실패자, 부적응자라는 낙인을 찍고 있는 것은 아닐까.《요즘 아이들 마음고생의 비밀》의 저자 김현수 전문의는 다음과 같이 썼다.

"세상은 수만 가지 직업이 있고, 각기 다른 중요성을 갖고 서로 맡은 역할을 잘하는 것이 중요하지요. 국영수 과목 잘하는, 시험 잘 치는, 죽도록 문제집 잡고 있는 아이들만 뽑아 줄 세우는 불행한 제도는 이제 그만 하세요. 너무 많은 아이를 포기하게 하지 말아 주세요."[49]

그럼에도 아이에게 사교육을 시키는 부모를 무조건 탓

할 수는 없다. 한국에서 사교육으로부터 완전히 자유로울 수 있는 부모는 거의 없다. 학벌과 직장 간의 연결 고리는 이전보다 약해졌을 수 있으나 아직도 존재한다. 노동의 경직성으로 인해 사회 초년생 시절의 경력이 인생 후반의 경력까지도 결정하고 있다. 또한 비정규직과 정규직이라는 이원화된 노동 시장으로 인해 계급 역시 새로운 방식으로 굳어지고 있다. 누구도 예측할 수 없는 불확실한 미래 앞에서 불안감을 잠재울 수 있는 유일한 방법이 바로 사교육일지도 모른다. 사교육 심화 현상의 근원은 여기에 있다.

현재 한국 사회는 표준화되고 획일화된 성공 방정식 아래에서 작동하고 있다. 시험에서 '신' 수준의 고득점을 맞는 극소수의 합격자 외에는 불행한 실패자와 불합격자를 양산하는 것이다. 이러한 황금 티켓 증후군의 시대에서 부모들이 느끼는 압박감은 더욱 심해질 수밖에 없다. 아이들의 절대적인 수가 줄어든다고 해도, 부모가 한 아이에게 투자하는 노력과 비용이 증가하는 것이다. 그에 따라 경쟁의 압력은 더욱 거세지고 있다.

아이들에게 다양한 방식의 성공 경로와 기회를 제시해야만 우리 사회가 겪는 황금 티켓 증후군을 완화할 수 있다. 단 한 번의 수능으로, 첫 취업 이후로 이후의 삶이 결정돼서는 안 된다. 그 과정 중에 실패하더라도 여러 번의 기회가 주어지는 사회로 바뀌어야 한다. 그래야만 한국에서도 아이를 기르는 것이 부담으로 다가오지 않는다. 물론 아이가 행복해지는 건 당연한 결과다.

## 노키즈존과 맘충 시대

"제가 좋은 엄마가 될 수 있을지 모르겠어요. 아직 부모가 되기에는 준비가 안 된 것 같아요."(20대 후반 미혼 여성 A씨)

"주변에서 육아하시는 분들 보면 부럽다기보다는 안쓰러워요. 퇴근 후에는 집에서 쉬기 바쁜데, 어떻게 또 육아를 한다는 거죠?"(20대 중반 미혼 남성 B씨)

"저는 부부 합쳐 연봉이 3억 원 이상이 되지 않으면 아이 낳을 생각이 없어요. 집도 마련해야 하고 직장에서 자리도 잡아야죠. 요즘 세상에 아기 낳는 것은 위험한 선택이죠."(30대 초반 기혼 남성 C씨)

출산은 어쩌다 두려운 존재가 된 것일까. 육아 경험담, 경력이 단절된 여성들의 사례, 육아에 대한 부정적인 언론 보도 등으로 인해 출산 포비아phobia를 경험하는 이들이 많아지고 있다. 2017년 조선일보가 25~45세 1004명을 대상으로 조사한 결과, 아직 출산을 경험해 보지 않은 여성이 '아이를 잘 키울 자신이 없다'고 말한 경우가 34퍼센트로, 그렇지 않은 경우(32퍼센트)보다 더 컸다.[50] 가족을 이루는 것에서 비롯하는 행복, 아이가 성장하며 느끼는 기쁨보다 두려움과 걱정, 불안감이 더 큰 상황이다. 지금보다 나아질 것 같지 않은 사회경제적 상황 속에서 아이를 잘 기를 수 있겠냐는 질문은 청년들에게 무겁게 느껴지기만 한다.

그러다 보니 정부의 저출산 극복 노력에도 불구하고 젊은 세대의 부정적 목소리는 끊이지 않는다. "애국자 되려다 내가 망해요"라든지[51], "정부 말대로 30세 이전에 두 명의 자녀를 낳다간 파산한다"든지, "1억 원을 줘도 아이 안 낳을래요"라는 말이 청년들 사이에서 나오고 있는 상황이다. 이미 젊은 세대는 다양한, 그리고 끊임없는 경쟁에 지쳤다. 숨 가쁜 경쟁을 해온 청년들은 결혼, 출산, 육아라는 과제를 감당하기 어렵다고 느낀다.

미혼, 신혼부부들도 마찬가지다. 아직 겪어보지 않은 일임에도 향후 육아로 인한 스트레스, 경제적 부담 등 예상되는 기회비용으로 인해 출산을 포기하는 경향이 나타난다. 청년들에게 결혼 출산은 이익이 아닌 비용에 가깝다. 이런 시대상에서는 오히려 비혼과 딩크족이 더 행복과 가까운 삶의 형태로 인식된다.

사회적으로도 육아와 관련된 부정적인 면이 부각되고 있다.[52] 노키즈 존No Kids Zone, 맘충(Mom+蟲)과 같은 아이를 키우는 부모에 대한 공공연한 반감 표현, 대중교통 임산부 배려석을 둘러싼 욕설, 폭행 사건 등이 대표적이다. 육아하는 부모들이나 임산부들에게 공격적인 발언, 혐오 표현, 비난을 서슴지 않는 사회적 분위기가 형성돼 있는 것이다. 직장 내에서도 아직까지 임신, 육아로 인해 자발적인 퇴사를 종용하거나, 승진에서 배제하거나, 최하 등급의 평가를 주거나, 심한 경우 직장 내 괴롭힘까지 가하는 사례도 보고되고 있다.[53]

## 죄책감과 불안감의 육아

육아를 둘러싼 사회적 시선만 부정적인 것은 아니다. 실제 요즘 부모들도 육아에 대한 어려움과 피로감을 호소한다. 이전보다 가구당 키우는 자녀 수도 줄고, 경제적으로도 풍요로워지면서 객관적인 양육 환경은 더 좋아졌다고 생각하기 쉽다. 그럼에도 불구하고, 육아와 관련된 부모의 스트레스, 불안감과 죄책감은 점점 더 커지고 있다.[54]

요즘 육아 방식은 '낳으면 알아서 자라는 식'의 자연스러운 육아가 아니다. 게리 베커Gary Becker 전前 시카고 대학교 교수에 따르면, 소득 수준이 높아지면 오히려 자녀를 적게 낳는 대신 집중적인 투자를 통해 양육의 질을 높이고자 한다. 자녀 수보다 그 수준을 높이기 위해 노력하는 것이다. 부모들은 자녀의 수를 줄인 만큼 이전보다 육아에 온 신경과 에너지를 쏟게 된다. 게다가 핵가족화로 인해 육아 과정에서 가족이나 친척들로부터 도움을 받을 기회가 줄면서 아이 돌봄, 육아에 대한 부담은 온전히 부모가 지게 됐다. 육아에 대한 부모의 기대 수준이 높아지고, 양육 부담이 부모에게 집중됨과 동시에 맞벌이가 증가하면서 점점 더 부모들이 느끼는 심리적 부담감은 커지고 있다.

맞벌이 부부의 경우에는 상황이 더 심각하다. 일-가정 갈등(work-family conflict)으로 인해 부모의 역할과 직장에서의 역할 간 극심한 갈등을 경험하며, 스트레스를 받는 경우가 생기게 된다. 맞벌이 부부라고 해서 여성의 가사 부담이 줄어들지는 않는다. 최근 미국에서는 직장에서 일하는 여성들도 1970년대 가정주부와 육아에 똑같은 시간을 들인다는 연구 결과도 발표됐다.[55] 시간은 한정돼 있다. 줄지 않은 집안일과 직장 일, 이 두 가지를 모두 성공적으로 수행하기 위해 부모는 자신을 위한 시간을 극단적으로 줄일 수밖에 없다.[56]

"사회 생활하다 보면 저녁 약속도 생기고, 회식도 가야 하는데, 최소한의 것만 남편 허락을 받아 겨우 참석해요. 평소에는 퇴근하면 바로 집으로 달려가요. 친구와 약속 잡기도 어렵다 보니 아기 낳고 나서는 주변 사람들하고 관계가 예전 같지 않아요."(30대 초반 여성 D씨)

"평소에 취미 생활을 즐기는 편이었는데, 아이가 생기고 나서부터는 할 시간도 없고 에너지도 없어 틈날 때마다 유튜브로 보면서 대리만족하고 있어요. 자기 자신을 위한 여유 시간이 없다는 게 가장 힘든 부분인 것 같아요."(20대 후반 남성 E씨)

부모가 된다는 것은 삶에서의 큰 변화를 가져오는 일이

며 많은 시간과 노력, 때로는 희생을 요구하는 일이다. 아이가 태어나면 그때부터 부모 자신의 욕구가 아닌 아이의 욕구에 맞춰 생활해야 한다. 수면, 식사 등 자신의 기본적 욕구까지도 아이를 위해 희생 해야할 때도 있다. 이런 기본적인 육아의 특성에 더해 최근에는 '집중 양육(Intensive Parenting)'이라는 새로운 육아 방식이 알려지면서 부모들의 육아 스트레스를 더하고 있다.[57]

집중 양육이란 엄마가 아이의 모든 영역, 신체적, 사회적, 정서적, 인지적 발달에 모두 참여하는 육아 방식을 말한다. 이런 집중 양육 방식을 취하는 부모는 아이와 보내는 시간을 늘리고, 자녀의 발달에 이전보다 더 많은 비용을 투자한다. 부모는 자녀의 학습에 일일이 관여하며 아이의 발달에 도움이 될 만한 경험과 활동을 적극적으로 시도한다. 이전에는 아이가 다치지 않도록 안전하게 자랄 수 있게 돕고, 아이의 '자연스러운 성장'에 중점을 둔 양육 방식이 대부분이었다. 요즘에는 부모가 매 순간 아이의 발달과 성장을 세세하게 체크하고 육아 전문가의 조언에 따라 아이와 상호 작용하는 집중 양육 방식으로 바뀐 것이다. 부모는 지칠 수밖에 없다. 이런 양육 태도는 소진과 부모 번아웃을 초래한다고 밝혀졌다.[58]

아이의 초반 인지적 발달과 부모와의 애착 관계가 아이의 평생을 결정한다는 '부모 결정론(Parental Determinism)'이 확산함에 따라 부모들은 육아에도 전력을 다하게 됐다. 행여 지금 부모가 하는 행동이 아이에게 지속적으로 안 좋은 영향을 끼치지는 않을까 걱정과 두려움이 앞선다. 요즘 부모들은 육아에서도 실수하지 않기 위해서 노력하고, 어떻게 하면 좋을지 공부한다. 그렇다 보니 육아를 하면서도 부모들이 느끼는 긴장감이 높다. 아이에게 하는 것들 하나하나가 조심스럽다. 24개월 이하의 아이에게는 스마트폰이나 텔레비전을 보여 주지 말라는 육아 전문가들의 조언에 따라 아이에게 미디어 노출을 원천 차단하기 위해 집에 텔레비전을 처분하는 경우도 많다.

요즘 부모는 완벽한 육아를 위해 온라인상에서의 아동 발달 전문가 의견을 참조해, 아이의 인지적 발달을 위한 시기에 맞는 적절한 자극, 교육을 제공하는 데 필요한 장난감, 교구, 교육 프로그램을 찾아서 공부한다. 부모 간의 안정적인 애착을 형성하기 위해서 항상 민감하게 아이의 요구를 알아차리고(sensitivity), 그에 따라 반응(responsivity)해 주려고 노력한다. 요즘 부모들은 직장에서도, 가정에서도 쉴 틈이 없이 항상 긴장감과 불안감 속에 살며 육체적 피로를 호소하고 있다.

이러한 일-가정 갈등과 집중 양육 방식이 확산하면서 요즘 부모는 '좋은 부모'라는 기준을 맞추기가 점차 더 어려워진다. 아무리 노력해도 절대적으로 아이와 보내는 시간이 적다 보니 좋은 부모가 아니라는 죄책감을 느끼게 되는 것이다. 부모들은 매일 쏟아지는 육아 정보들과 조언들을 접하며 자신의 행동을 하나하나 평가한다. 비교 속에서 요즘 부모들은 지금보다 더 나은 교육과 발달, 자극이 있지 않을까 하는 불안감에 빠지게 된다. 요즘 부모들은 역할 과부하(Role Overload) 속에서 쉬어도, 쉬는 게 아닌 삶을 산다.

## 완벽한 부모보다는 '충분히 좋은 부모'

심리학에는 '충분히 좋은 엄마(Good-enough Mother)'라는 개념이 있다. 이는 소아과 의사 위니컷Donald Winnicott이 만든 개념으로, 아이의 발달을 위해 민감하게 요구를 파악하고 반응하는 사람을 말한다. 충분히 좋은 엄마는 모든 아이의 욕구를 완벽하게 수용하고 반응해 주지 않는다. 상황에 따라서는 아이에게 좌절의 순간도 경험하도록 한다. 아이가 원하는 것을 모두 해주는 완벽한 엄마보다 편안함과 적정 수준의 좌절을 주고 이겨 내는 것을 배울 수 있도록 하는 엄마가 충분히 좋은 엄마이고 더 바람직하다는 의미다. 오히려 완벽한, 최고의 엄마가 되려고 지나치게 노력하면 부모와 아이 모두 의도치 않은 문제를 겪게 된다는 것이 위니컷의 분석이었다.

시대는 변했지만, 이상적인 부모상의 기준은 나날이 더 높아졌다. 좋은 부모라면 응당 해야 하는 것들이 넘쳐난다. 완벽한 엄마에 대한 모성 신화는 매일 진화 중이다. 매일 새롭게 갱신되는 육아 정보, 쏟아지는 전문가들의 조언 속에서 요즘 부모들은 불안하고 혼란스럽다. 많은 밀레니얼 부모들은 완벽한 부모가 되기 위해서 밤낮으로 육아 정보를 찾고, 다른 부모들과 비교하며 자신의 아이에게 최고의 것을 주기 위해 노력한다. 밀레니얼 부모들은 끝없는 육아라는 숙제와 수업들을 들으며 마치 육아라는 박사 학위를 따듯 열성적으로 육아에 임한다. 이 과정에서 부모들은 서서히 지쳐 간다. 소아정신건강의학과 조선미 아주대학교 병원 교수는 요즘 부모들에게 "아이에게 최선의 것을 계속 제공해야 한다고 생각하니 너무 힘들어진다"면서 "살아만 있어도 좋은 부모"라고 말한다.[59]

아이들에게 필요한 것은 비싼 옷, 음식, 새로운 장난감보다 평범한 일상 속에서 부모와 함께하는 상호 작용, 교감하는 시간일지 모른다. 그를 위해서는 부모가 행복한 게 중요하다. 매 순간 육아에 적극적으로 참여하는 것도 좋지만, 가끔은 주변 사람에게 믿고 의지하며 육아에 대한 부담을 줄여 보는 것도 방법이다.

출산의 기쁨과 황홀함도 잠시뿐, 과도한 부모 역할에 대한 부담감과 육아 스트레스로 인해 산후 우울증을 겪기도 한다. 전 세계적으로 산후 우울증은 출산 여성의 5~20퍼센트 정도로 발병하는데, 국내에서도 18~19퍼센트가 산후 우울증을 겪는 것으로 나타났다.[60] 여성은 산후 2주 후 호르몬의 영향으로 우울감을 경험하는 경우가 80퍼센트에 달하지만, 2주 이상 우울 증상이 계속되는 경우도 10~20퍼센트나 된다. 남성 또한 '좋은 아빠'가 되어야 한다는 심리적 부담감으로 인해 약 10퍼센트가 산후 우울증을 겪는다.

산후 우울증은 단순히 우울한 기분과는 다르다. 지속적인 우울감, 삶에 대해 느끼는 무가치함, 불안감과 같은 일반적인 우울증 증상은 물론, 부모로서 자신이 부적절하다는 느낌과 죄책감을 느끼는 것이 특징이다. 심한 경우 아이에 대한 무관심이나 공격적인 행동을 보이거나, 아이와 부모의 생명까지도 위협할 수 있다는 점에서 유의할 필요가 있다. 산후 우울증의 주요 원인으로는 심한 육아 스트레스, 주변 사람들로부터의 사회적 지지 부족, 부모 역할에 대한 중압감, 가족 간의 갈등, 회피적 성향이나 완벽주의적 성향 등의 심리적 요인이 지목된다.

아이를 낳고 부모가 된다는 것, 부모로서 아이를 기른다는 것은 지극히 당연한 일로 여겨진다. 혹자는 산후 우울증으로 힘들어하는 부모들을 향해 "남들 다 하는 육아가 뭐가 힘들다고", "당신이 선택해서 낳은 아기인데 뭐가 힘든지", "집에서 아기만 보는 게 뭐가 힘들다는 건지, 일하는 게 얼마나 더 힘든데"라고 말하기도 한다. 이런 사회적 시선은 육아가 어려운 부모가 자기 자신을 자책하게 만들고, 주변 사람들에게 도움을 청하기 어렵게 만든다. 부모라는 새로운 정체성을 갖고 아이를 낳으면서 기존의 자신이 소중하게 여겼던 것들을 포기하고 적응해 나가는 과정에서 초보 부모들은 큰 스트레스를 느낄 수 있다. 이를 주변에서 충분히 인정해 주지 않고, 오히려 부모를 비난하거나, 사회적으로 지원을 받지 못하는 상황에서는 육아 스트레스가 심화해 산후 우울증이 악화할 수 있다.

산후 우울증 전문가 일산 차병원 정신건강의학과 김민경 교수에 따르면 산후 우울증은 제한된 시간과 환경 속에서, 주변의 지지가 부족할 때 더 잘 발생한다. 육아가 힘들다는 것을 공감해 줄 사람이 있다면, 힘들 때 육아를 도와줄 수 있는 주변 가족, 친구들이 있다면 산후 우울증은 회복될 수 있다. 아이에 대한 모든 것들을 매 순간 '부모가 다 감당하고 책임져야 한다'는 무거운 중압감에서 벗어나는 게 중요하다. 부모가 적극적으로 자신의 휴식 시간을 마련하고 행복감을 높일 방법을 찾는 것도 필요하다. 아이를 위해서도 그렇다.

우울증에 걸린 부모는 아이의 행동에 적시에 반응하지 못하거나, 반응하지 않음으로써 아이의 자기 조절 능력, 인지적 능력, 학습 능력 발달에 부정적 영향을 끼친다.[61] 아이를 위해 좋은 부모가 돼야겠다는 압박감과 걱정으로 인한 우울증이 오히려 아이에게 악영향을 줄 수 있는 셈이다. 완벽한 부모 상이나, 과도한 책임감과 중압감에서 벗어나는 것이 중요한 이유다.

최근 5년간 산후 우울증이 증가하고 있다. 물론 부모 개개인도 육아 스트레스를 해결하기 위해 노력하고 주변에 적극적으로 도움을 구해야 한다. 부모가 되면서 겪는 양육 스트레스, 고단함은 아이가 주는 기쁨과 황홀함과 별개로 그저 웃어 넘기거나 쉽게 무시할 수 있는 문제가 아니다. 출산 후 부모에게 집중되는 양육 부담과 맞벌이로 인한 높아진 일-가정 갈등, 경제적 부담, 높아진 이상적인 부모의 기준에 힘겨워하는 부모들을 도와줄 수 있는 사회적 지원 체계 강화와 함께 부모에 대한 부정적 시선도 개선될 필요가 있다.

**산후 우울증 체크 리스트[62]**

1. 나는 사물의 재미있는 면을 보고 웃을 수 있었다.

(0점) 예전과 똑같았다.

(1점) 예전보다 조금 줄었다.

(2점) 확실히 예전보다 줄었다.

(3점) 전혀 그렇지 않았다.

2. 나는 어떤 일들을 기쁜 마음으로 기다렸다.

(0점) 예전과 똑같았다.

(1점) 예전보다 조금 줄었다.

(2점) 확실히 예전보다 줄었다.

(3점) 전혀 그렇지 않았다.


3. 일이 잘못될 때면 공연히 자신을 탓하였다.

(3점) 대부분 그랬다.

(2점) 가끔 그랬다.

(1점) 자주 그렇지 않았다.

(0점) 전혀 그렇지 않았다.


4. 나는 특별한 이유 없이 불안하거나 걱정스러웠다.

(0점) 전혀 그렇지 않았다.

(1점) 거의 그렇지 않았다.

(2점) 가끔 그랬다.

(3점) 자주 그랬다.


5. 특별한 이유 없이 무섭거나 안절부절 못하였다.

(3점) 꽤 자주 그랬다.

(2점) 가끔 그랬다.

(1점) 거의 그러지 않았다.

(0점) 전혀 그러지 않았다.

6. 요즘 들어 많은 일들이 힘겹게 느껴졌다.

(3점) 대부분 그러하였고, 일을 전혀 처리할 수 없었다.

(2점) 가끔 그러하였고, 평소처럼 일을 처리하기가 힘들었다.

(1점) 그렇지 않았고, 대게는 일을 잘 처리하였다.

(0점) 그렇지 않았고, 평소와 다름없이 일을 잘 처리하였다.

7. 너무 불행하다고 느껴서 잠을 잘 잘 수가 없었다.

(3점) 대부분 그랬다.

(2점) 가끔 그랬다.

(1점) 자주 그렇지 않았다.

(0점) 전혀 그렇지 않았다.

8. 슬프거나 비참하다고 느꼈다.

(3점) 대부분 그랬다.

(2점) 가끔 그랬다.

(1점) 자주 그렇지 않았다.

(0점) 전혀 그렇지 않았다.

9. 불행하다고 느껴서 울었다.

(3점) 대부분 그랬다.

(2점) 가끔 그랬다.

(1점) 자주 그렇지 않았다.

(0점) 전혀 그렇지 않았다.


10. 자해하고 싶은 마음이 생긴 적이 있다.

(3점) 자주 그랬다.

(2점) 가끔 그랬다.

(1점) 거의 그렇지 않았다.

(0점) 전혀 그렇지 않았다.


〔합산 점수〕

**0-8점 정상, 9-12점 상담 필요, 13점 이상 산후 우울증 의심**


## 아이를 낳으면 행복해질까?

아이를 낳고 기르는 것은 기쁨이고 축복이라고들 말한다. 드라마나 영화만 봐도 그렇다. 아이를 낳는 환희의 순간이 강조된다. 반면 아이를 낳는 과정이나, 아이가 성장하는 과정은 '빨리 감기' 형태로 편집되거나 생략되기도 한다. 현실은 이와 다르다. 아이를 낳는 데까지만 해도 9개월의 임신 과정이 있으며 고통 없는 출산은 없다. 육아는 영화처럼 빨리 감거나 생략할 수 없을뿐더러, 아이 성장 발달 과정에 따라 각기 다른 난제들이 부모에게 닥치게 된다. 아이를 낳기 전에는 아이가 행복을 가져다줄 것이라고 기대하지만, 실제 육아는 녹록지 않다. 처음에 가졌던 기대는 머지않아 사라진다.

물론 결혼, 출산, 육아는 기쁘고 축하받아야 할 일이지만, 동시에 개인의 삶에 큰 변화와 스트레스를 가져오는 일이기도 하다. 스트레스를 유발하는 주요한 생애 사건들 43개 중 결혼, 임신, 출산, 육아는 상위 15위 안에 든다. 생애 스트레스 척도에 따르면 결혼은 큰 질병이나 상해를 입은 것과 비슷한 스트레스를 유발하며, 임신과 출산, 육아는 직장에서 해고되거나, 은퇴하는 것과 비슷한 수준의 스트레스에 해당한다.

출산과 육아가 행복도를 높일 것이라는 부모의 예상과 달리, 오히려 낮은 행복도를 보이는 현상을 심리학에서는 '부모됨의 역설(The Parenthood Paradox)'이라고 부른다. 아이를 기르는 것은 부모들의 행복도를 높이지 않는다. 육아는 부모의 스트레스, 우울, 불안 등의 감정적 행복에 부정적인 영향을 미친다. 이는 많은 연구에서 반복적으로 나타나는 현상이다. '가지 많은 나무에 바람 잘 날 없다', '무자식이 상팔자'라는 속담처럼, 부모들은 아이 없는 부부보다 더 큰 감정적 소용돌이 속에서 살아간다. 물론 부모는 아이를 통해 일상적으로 더

# 생애 스트레스 척도[63]

| 순위 | 생애 사건(Life Event) | 점수 |
|------|------------------------|------|
| 1 | 배우자의 죽음 | 100 |
| 2 | 이혼 | 73 |
| 3 | 별거 | 65 |
| 4 | 감옥 구금 | 63 |
| 5 | 가족의 죽음 | 63 |
| 6 | 중상/중병 | 53 |
| 7 | 결혼 | 50 |
| 8 | 해고 | 47 |
| 9 | 재결합 | 45 |
| 10 | 은퇴 | 45 |
| 11 | 가족의 건강 문제 | 44 |
| 12 | 임신 | 40 |
| 13 | 성적인 어려움 | 39 |
| 14 | 새로운 가족(출산, 입양, 노인 간병) | 39 |
| 15 | 사업 재조정 | 39 |

많은 기쁨을 느끼지만, 동시에 더 많은 스트레스를 느낀다.[64]

부모들이 육아에서 스트레스를 받는 이유는 무엇일까? 연구에 따르면 원인은 네 가지로 요약된다. 경제적 부담(financial burden), 일-가정 갈등, 합리적인 가격의 아이 돌봄 서비스 부족(affordable childcare), 시간과 에너지 부족(time and energy demands)이 그것이다.[65]

아이를 기른다는 것은 항상 불행한 일인 걸까? 그렇지 않다. 위의 네 가지 스트레스 요인이 조절될 경우 육아가 행복으로 다가올 수도 있다. 실제로 부모됨(Parenthood)과 행복 간의 상관관계는 사회적, 경제적, 제도적 맥락에 따라 달라진다. 일례로, 핀란드, 스웨덴, 노르웨이, 헝가리 등 22개국 중 여덟 개국 부모들은 아이 없는 부부보다 더 행복감을 느꼈고, 나머지 호주, 영국, 미국 등 14개국에서는 부모들이 아이 없는 부부보다 덜 행복감을 느꼈다.

이렇게 국가별로 부모의 행복감에 차이가 나타나는 이유는 다름 아닌 제도였다. 각 국가가 제공하는 양육비 지원 제도, 육아 휴직 제도, 유급 휴가 및 병가 제도 등의 가족 지원 제도에 차이가 부모의 행복감으로도 이어진 것이다. 가족 지원 제도가 잘 정비된 국가에서는 아이를 낳는 부모와 아이가 없는 부부 간 행복도 차이가 크지 않은 반면, 가족 지원 제도가 미비한 국가일수록 아이를 가진 부모들이 아이 없는 부부보다 행복감을 덜 느꼈다.

국가적 가족 지원 제도 외에 아이를 기르는 데 경제적 부담이 없다면 아이는 부모의 행복감을 높인다는 연구도 있다. 이 연구에서도 아이를 기르는 부모들은 낮은 삶의 만족도를 보였다. 이때 아이를 기르는 데 드는 경제적 부담의 영향을 통제할 경우, 아이는 부모의 행복을 키웠다. 보통 선진국, 고소득층, 나이가 많은 부모들에게 더욱더 행복을 높게 보고하는 것과 일맥상통한다.[66] 즉, 아이 존재 자체가 부모 삶의 만족도를 낮추기보다, 아이를 기르는 높은 비용이 부모 삶의 만족도를 낮추는 요인이 된다고 밝혔다.

그럼에도 불구하고 왜 요즘 부모들은 아이를 낳는 걸까? 사실 '요즘' 육아라고 해도, 변하지 않는 가치가 있다. 다름 아닌 아이 그 자체다. 아이는 부모에게 삶의 가장 큰 의미이자 목적이며, 다른 것과 비견할 수 없는 소중한 가치를 지닌 존재다. 이 사실만큼은 변하지 않는다. 2021년 퓨 리서치 센터가 조사한 바에 따르면, 전 세계 17개국 중 14개국이 삶을 의미 있게 만드는 요소로 '가족과 아이들'을 1순위로 꼽았다. 요즘 부모들의 생각도 마찬가지다. 아이를 기르는 것의 가치를 물어보면, 결코 쉽지 않지만 동시에 그만큼 가치 있고, 보람찬 일이라는 대답이 돌아온다.

"제 친한 친구는 이번에 이색적인 해외여행을 어디로

갈지 고민하더라고요. 네덜란드로 갈지 스페인으로 갈지. 저한테 네덜란드는 바로 제 아이예요. 아이를 기르는 일은 결코 쉽지 않지만, 다른 물건들을 쇼핑하거나 여행보다도 인생에서 가장 소중하고 기쁨을 주는 존재랍니다. 여행하듯, 하루하루 아이가 성장하는 모습을 보면서 새로운 경험을 해요."

배우 이하늬도 예능 프로그램인 〈유 퀴즈 온 더 블럭〉 177회에서 다음과 같이 말했다.

"사실 임신, 출산에 대해서 '꼭 해야 하나?' 하는 생각이 솔직히 많았다. 공백에 대한 부담도 있었다. 근데 문득, 내가 태어나서 죽을 때까지 인간을 배에 품어 내보내는 일보다 더 완성도 있는 일을 할 수 있을까 하는 생각이 들었다. 아무리 넘사벽으로 연기를 잘하게 되더라도 힘들 것 같았다."[67]

부모들은 아이를 기르는 것은 힘들지만 세상에 이보다 더 가치 있고 성취감을 주는 일은 없다고 말한다. 많은 부모들은 아이를 낳고 기존에 자신이 가졌던 가치관이 송두리째 달라지는 경험을 한다. 어떤 물질적인 풍요로움이나 사회적 성공보다도 아이를 낳고 기르는 것이 더 가치 있고 소중하다고 느낀다.

캐서린 넬슨Katherine Nelson 교수의 2014년 연구에 따르면, 단순히 부모가 된다는 변화만으로 부모가 느끼는 불행과 행복을 설명할 수는 없다. 부모가 되면서 불안, 걱정과 같은

## 자녀를 두는 것의 의미

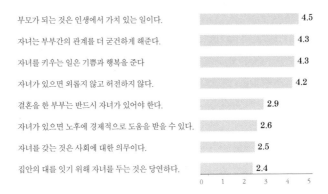

| | |
|---|---|
| 부모가 되는 것은 인생에서 가치 있는 일이다. | 4.5 |
| 자녀는 부부간의 관계를 더 굳건하게 해준다. | 4.3 |
| 자녀를 키우는 일은 기쁨과 행복을 준다 | 4.3 |
| 자녀가 있으면 외롭지 않고 허전하지 않다. | 4.2 |
| 결혼을 한 부부는 반드시 자녀가 있어야 한다. | 2.9 |
| 자녀가 있으면 노후에 경제적으로 도움을 받을 수 있다. | 2.6 |
| 자녀를 갖는 것은 사회에 대한 의무이다. | 2.5 |
| 집안의 대를 잇기 위해 자녀를 두는 것은 당연하다. | 2.4 |

* 출처: 육아정책연구소[68]

부정적 감정, 혹은 경제적 부담과 수면 방해, 결혼 관계에서 오는 스트레스를 더 많이 느낄 경우, 육아는 행복보다는 불행으로 다가올 것이다. 반면 삶의 의미와 목적, 기쁨과 보람을 더 많이 느끼고 부모라는 정체성을 통해 다양한 사회적 역할을 수행하는 등 육아의 긍정적인 측면을 더 많이 경험한다면 육아는 충분히 부모에게 행복으로 다가올 수 있다.[69]

요즘 육아가 힘든 이유도 마찬가지의 맥락이다. 요즘 부모들은 아이를 기르면서 오는 행복감, 보람, 가치와 같은 긍정적 요소보다 경제적 부담감과 스트레스와 같은 부정적 요소를 더 크게 인식할 수밖에 없는 상황에 놓여 있다. 아이들을 기르는 본질적인 보람과 기쁨이 퇴색하지 않기 위해선 부모가 느끼는 부정적인 스트레스 요인들을 줄여야 한다. 부모의 스트레스 관리는 개개인만의 몫은 아니다. 사회 구조와 제도도 그들을 뒷받침해 줄 필요가 있다. 그래야 아이를 기르는 것이 자연스럽고, 또 기쁜 일이 된다.

에필로그

요즘 부모를 읽어야
아이가 보인다

현재 정부의 요구는 일방적인 외침에 가깝다. 출산율이 국가적 위기 수준이며 출산 관련 인센티브, 현금성 지원을 더 많이 해줄 테니 아이를 낳으라는 식의 접근은 2030 세대에게서 설득력을 얻기 어렵다. 우리나라는 16년 동안 280조 원 규모의 저출산 대응 정책을 내놨다. 결과는 바닥을 모르고 떨어지는 출산율이다. 그렇다면 지금까지의 접근 방법이 그다지 효과적이지 않다는 것을 직시하고 다른 대안을 모색해 봐야 한다.

우리나라의 출산 관련 정책은 출산 이후 1년간 현금성 지원이 집중되는 구조다. 그러나 육아의 경제적 부담은 영유아기 이후 본격적으로 늘어난다. 물론 현금성 지원은 일시적으로 육아에서 비롯되는 경제적 부담을 줄이지만, 더 장기적이고 구조적인 변화 역시 필수적이다. 육아 현장에 실질적으로 도움을 주는 돌봄 서비스를 확대하고, 육아 및 가사의 공평한 분담과 같은, 사회·문화적 변화가 동반되지 않는다면 대세는 꺾이기 어려울 것이다.

중요한 것은 현재 한국 사회가 겪는 저출산 현상은 개인이 내린 합리적 선택의 결과라는 점이다. 많은 정책은 사회통계적 숫자에 따라 설계되고 있다. 그러나 국가적, 집단주의적 공동체 의식이 희미해지고 개인주의적 문화가 확산한 지금은 오히려 개인의 관점과 인식의 측면에서 접근하는 게 더 효과적일 수 있다. 젊은이가 처한 객관적인 환경, 조건을 이전과 비교하며 따지는 문화에서 결혼하고 아이를 낳은 요즘 밀레니얼 부모들이 느끼는 행복감과 심리적 상황은 어떤지를 따지는 것으로 관점을 전환해야 한다는 뜻이다. 숫자로 표현되는 저출산 뒤에는 더 많은 것들이 있다. 아이를 낳는 것은 본능적이고 자연스러운 일이다. 저출산은 그런 본능을 거스르고, 포기해야 하는 지금의 시대를 표현하는 하나의 방식일지 모른다.

저출산 상황을 극복한 선진국의 사례도 참고하면 좋겠지만, 결국 해결을 위한 열쇠는 한국의 밀레니얼 세대에게 있다. 무조건 외국의 성공 사례를 가져오기보다는 한국만의 특수한 상황, 세대의 생각에 맞는 해결 방안을 찾는 것이 바람직하다. 육아와 관련한 정책, 서비스를 설계할 때 밀레니얼 세대, 특히 밀레니얼 부모들의 의견을 반영하고 직접 설계할 기회를 주는 것도 방법이다.

실제로 요즘 부모가 겪는 출산과 육아의 어려움이 무엇이고, 해결책은 무엇일지 알아보기 위해서는, 밀레니얼 부모뿐만 아니라, 부모 되기를 포기하거나 주저하고 있는 결혼하지 않은 청년, 결혼했지만 자녀를 낳지 않기로 선택한 밀레니얼 세대의 의견도 들어 볼 필요가 있다. 현재의 저출산 상황을 특정 세대, 성별의 탓으로 돌리기보다는 사회 전체가 함께 고민하고 풀어 갈 문제라는 인식이 확산해야 비로소 해결의 실마리가 보일 것이다.

행복도가 높은 국가는 출산율도 높다. 행복한 사회에서는 개인도 행복하다. 개인이 느끼는 심리적 만족감, 안정감이 높다면 출산과 육아 역시 자연스럽게 즐거운 일이 될 것이다. 멘카리니Mencarini의 연구 결과에 따르면 삶의 만족감이 높은 사람일수록 아이를 낳을 확률이 높았다. 개인 삶의 만족도와 출산율과의 긍정적인 관계는 특히 한국에서 더 강하게 나타났다.[70] 삶에서 만족감을 느끼는 사람일수록 아이를 더 낳는다는 것이다. 질문을 바꿔야 한다. 요즘 부모들은 과연 행복한가, 더 나아가 현재 우리 한국의 청년들은 행복한가. 숫자에 불과한 '출산율'을 높이는 데 집착하기보다는 요즘 청년들에게도 '부모됨'이 긍정적이고 행복하게 인식될 수 있도록 하는 방법을 찾아야 한다. 독박 육아, 육아 지옥이 육아와 가장 가까운 단어가 돼선 안 된다.

인구 위기(demographic crisis)의 시대다. 저출산을 인구 위기, 국가적 문제라고 정의하는 것은 그 속에 숨겨진 청년들의 개인적 위기를 덮어 버릴 수 있다. 청년들은 높은 수준의 경제적 불안감과 미래에 대한 부정적 전망 속에서 위기와 좌절을 느낀다. 결혼과 출산을 미루는 것은 청년들이 나름대로 자신만의 생존 공식, 행복 공식을 마련해 나가려 선택한 것에 가깝다. 이 지점을 파악하지 못한다면 아이를 행복으로 생각하는 세대는 점차 줄어들지 모른다.

미래를 대비하기 위해서는 지금의 밀레니얼 세대뿐만 아니라 Z세대, 알파 세대를 바라볼 필요도 있다. 밀레니얼 다음 세대인 Z세대, 알파 세대는 결혼과 가족에 대해 확연히 다른 개념을 갖고 있다. 2023년 청소년 가치관 조사 연구에 따르면 '결혼은 반드시 해야 한다'고 응답한 청소년이 2012년 73.2퍼센트에서 2023년 29.5퍼센트로 급감했다. 응답자의 과반인 60.6퍼센트는 결혼하지 않아도 자녀를 가질 수 있다고 생각했으며 81.3퍼센트는 동거도 가능하다고 답했다.[71] 이미 청소년 사이에서는 결혼과 출산, 동거와 가족 제도를 향한 가치관이 변하고 있으며 이들이 다양한 가족 형태를 수용하고 있음을 읽을 수 있다. 이러한 미래 흐름에 맞추어 기존 프레임이 정의한 '정상 가족'의 범주에서 벗어나 가족에 대한 개념을 확장하는 것도 중요할 테다.

한편으로, 지금의 저출산을 '국가적 위기'로만 정의하지 않고 요즘 청년 세대들의 현실을 살펴보는 도구로 사용하는 건 어떨까? 새로운 시각으로 저출산을 바라본다면 기존 사회 제도의 관점을 전환할 기회가 될 수 있다. 사회적, 국가적 차원에서 청년들의 삶을 어떻게 도와줄 수 있을지를 고민할 수 있다는 뜻이다. 지금까지 기존 출산 육아 관련 제도는 기성세대 관점에서 설계됐다. 취업, 결혼, 출산, 육아라는 정해진

프레임을 전제로 제도가 설계된 셈이다. 그러나 청년들에게는 취업과 결혼, 출산, 육아 어느 하나도 당연하지 않다.

청년들의 사회적 시계는 계속해서 지연되고 있으며, 그 과정에서 무력감과 번아웃을 느끼거나, 사회적 기준에 초연해진 청년들도 나타나고 있다. 비혼과 비출산을 외치며 자신만의 삶의 궤적을 만들어가는 청년들도 있다. 저출산 현상 뒤에 가려진 청년들의 삶, 가치관을 보고 그에 맞게 기존 제도들을 변화시켜야 한다. 청년들에게 출산과 육아는 '당연히 해야 할 일'이 아닌 '선택지 중 하나'다. 육아와 출산이 미래 부모에게, 그리고 요즘 부모에게 매력적인 선택지가 된다면, 미래도 충분히 바뀔 수 있다.

주

1 _ PD수첩, 〈우리가 아이를 낳지 않는 이유〉, 2023.2.14.

2 _ Think with Google, 〈밀레니얼 부모, 두 얼굴의 페르소나〉, 2020.

3 _ 통계청, 〈2022년 출생 · 사망 통계〉, 2023.

4 _ 트렌드모니터, 〈가족의 의미 및 세대 간 인식 차이 관련 설문 조사〉, 2021.

5 _ 김용섭, 《라이프 트렌드 2020 : 느슨한 연대》, 부키, 2019, 157쪽.

6 _ 조영태 외 6인, 《아이가 사라지는 세상》, 김영사, 117쪽.

7 _ 김난도 외 10인, 《트렌드코리아 2024》, 미래의 창, 280쪽.

8 _ 한국은행, 〈초저출산 및 초고령사회: 극단적 인구 구조의 원인, 영향, 대책〉, 2023.11.

9 _ 육아 휴직 분할 사용한 건수도 중복 계산돼 100 이상의 숫자가 산출됨.

10 _ 국회입법조사처, 〈육아 휴직 소득 대체율의 효과: 남성 육아 휴직 사용의 조건과 과제〉, 2021.

11 _ 육아정책연구소, 〈맞벌이 가구의 가정 내 보육실태 및 정책 과제 보고서〉, 2016.

12 _ 육아정책연구소, 〈조부모 영유아 손자녀 양육실태와 지원방안 연구〉, 2015.

13 _ 경희대학교 디지털뉴에이징연구소, 〈국민연금연구원 노후보장패널조사 분석 결과〉, 2024.

14 _ Griggs et al, 〈'They've always been there for me': Grandparental involvement and child well-being〉, 《Children & Society》, 24(3), 2010, p.200-214.

15 _ Thomese & Liefbroer, 〈Child care and child births: The role of grandparents in

the Netherlands〉, 《Journal of marriage and Family》, 75(2), 2013, p.403-421.

16 _ 양소남 · 신창식, 〈어린 자녀를 둔 일하는 어머니의 일가족양립 고충〉, 《보건사회연구》, 31(3), 2011, 81쪽.

17 _ 여성가족부 · 고용노동부, 〈2023년 여성경제활동백서〉, 2023.

18 _ ZDNET Korea, 〈"동남아 가사도우미 월 200? 너무 비싸" 맘카페 '시끌'〉, 2023.05.12.

19 _ Peterson Institute for International Economics(PIIE), 〈The pandemic's long reach: South Korea's fiscal and fertility outlook〉, 2021.6.

20 _ 알바 뮈르달 · 군나르 미르달(홍재웅 · 최정애 譯), 《인구 위기》, 2023, 337~338쪽.

21 _ 육아정책연구소, 〈민간 육아도우미 이용실태 및 요구 조사 결과〉, 2018.

22 _ 브라보마이라이프, 〈저출산 문제 해법은? '귀한 아이' 고령자가 함께 돌봐야〉, 2022.11.30.

23 _ 한국은행, 〈초저출산 및 초고령사회: 극단적 인구구조의 원인, 영향, 대책〉, 2023.11.

24 _ 벼룩시장구인구직, 〈삶의 목표와 만족도를 결정하는 것은?〉, 2020.

25 _ 국토교통부, 〈2022년 주거실태조사〉, 2023.12.22.

26 _ 주택금융통계시스템, 〈서울의 주택구입부담지수(Korea-Housing Affordability Index)〉, 2023.

27 _ OECD library, 〈Rejuvenating Korea: Policies for a changing society〉, 2019.10.28.

28 _ 서미숙, 〈주택가격 변화에 따른 여성 출산율에 관한 연구〉. 여성경제연구, 10(1), 2013, 63~79쪽.

29 _ Dettling et al., 〈House Prices and Birth Rates: The Impact of the Real Estate Market on the Decision to Have a Baby〉, 《Journal of Public Economics》, 110, 2014, p.82~100. Aksoy et al., 〈Short-term Effects of House Prices on Birth Rates〉, 《EBRD》, 192, 2016.

30 _ PewResearch Center, 〈What Makes Life Meaningful? Views From 17 Advanced Economies〉, 2021.11.18.

31 _ 〈2019 대한민국 양육비 계산기〉, 《동아일보》, 2019.

32 _ KB경영연구소, 〈저출산 시대 청년의 경제적 삶과 금융〉, 2023, 12쪽.

33 _ 저출산고령사회위원회, 〈우리아이 0세부터 7세까지 정부 지원 금액!(아동 1인당 현금성 정부 지원 혜택 총정리〉, 2024.1.9.

34 _ KT경영경제연구소

35 _ 통계청, 〈온라인쇼핑몰 취급상품범위별/상품군별거래액 중 아동/유아용품〉, 2017~2022.

36 _ 2022년 롯데, 신세계, 현대 백화점 아동 카테고리 매출

37 _ 하정연, 〈"4살은 늦었다"…'족보'까지 푸는 영어유치원〉, SBS 뉴스, 2021.6.7.

38 _ 보건복지부 보육정책과, 〈2022년 12월 말 기준 보육통계〉, 2022.

39 _ 최예나, 〈네살배기까지 '닥치고 수학'…학교가면 '수포자'로〉, 《동아일보》, 2023.7.12.

40 _ 육아정책연구소, 〈KICCE 소비실태조사: 양육비용 및 육아서비스 수요 연구(IV)〉, 2021.

41 _ 통계청, 〈2022년 초중고사교육비조사 결과〉, 2023.

42 _ 초록우산어린이재단, 〈2023 아동행복지수 보고서〉, 2023.

43 _ 통계청, 〈2022년 초중고사교육비조사 결과〉, 2023.

44 _ OECD, 〈Private spending on education : primary to tertiary 2019-2020〉.

45 _ 〈2019 대한민국 양육비 계산기〉, 《동아일보》, 2019.

46 _ 국토연구원, 〈저출산 원인 진단과 부동산 정책 방향〉, 2024.1.

47 _ 한국교육개발원, 〈교육 분야 양극화 추이 분석 연구(I): 기초연구〉, 2020.

48 _ OECD Ecoscope, 〈Korea: Stunning success and work in progress〉, 2022.09.19.

49 _ 김현수, 《요즘 아이들 마음고생의 비밀》, 해냄, 2019, 256쪽

50 _ 홍영림 · 주희연, 〈"그냥 불안해요"…2040세대 52%가 출산 포비아〉, 《조선일보》,
2018.1.3.

51 _ 스프, 〈"애국자 되려다 내가 망해요" 대한민국 출산율의 이유있는 추락〉, SBS 뉴
스, 2023.12.8.

52 _ 권미경, 〈지역사회 내 육아문화 진단 및 긍정적 육아문화 조성방안〉, 육아정책연
구소, 2022.

53 _ 직장갑질 119, 〈2021년~2023년 임신 육아 갑질 사례〉, 2023.

54 _ Nomaguchi and Fettro, 〈Parenthood and Well-Being: A Decade in Review〉,
《Journal of Marriage and Family》, 2020, 82(1), p.198-223.

55 _ Suzanne et al., 〈Changing rhythms of American family life〉, 2006.

56 _ Claire Cain Miller, 〈The relentlessness of modern parenting〉, 《The New York
Times》, 2018.12.25.

57 _ Faircloth, 〈Intensive parenting and the expansion of parenting〉, 《Parenting culture Studies》, 2014, p.25-50.

58 _ Nomaguchi and Fettro, 〈Parenthood and Well-Being: A Decade in Review〉, 《Journal of Marriage and Family》, 2020, 82(1), p.198-223.

59 _ 조영태 외 6인, 《아이가 사라지는 세상》, 김영사, 107쪽.

60 _ 조현진 외 3인, 〈한국 산모의 산후 우울과 산후 외상 후 스트레스장애 관련성: 종단적 연구〉, 《여성건강간호학회지》, 2022, 28(1), p.46-55.

61 _ Bernard-Bonnin, 〈Maternal depression and child development〉, 《Paediatrics & Child Health》, 2004, 9(8), p. 575-583.

62 _ 김용구 외 4인, 〈한국판 Edinburgh Postnatal Depression Scale의 임상적 적용〉, 《신경정신의학》, 2008, 47(1), p.36-44.

63 _ The Holmes- Rahe Life Stress Inventory

64 _ Angus and Arthur, 〈Evaluative and hedonic wellbeing among those with and without children at home〉, 《Proceedings of the National Academy of Sciences》, 2014, 111(4), p.1328-1333.

65 _ Glass et al., 〈Parenthood and Happiness: Effects of Work-Family Reconciliation Policies in 22 OECD Countries〉, 《American Journal of Sociology》, 2016, 122(3), p.886-929.

66 _ National Bureau of Economic Research, 〈Children, Unhappiness and Family Finances: Evidence from One Million Europeans〉, 2019.

67 _ tvN, 〈유 퀴즈 온 더 블럭 177회〉, 2023.1.18.

68 _ 육아정책연구소, 〈육아존중문화로의 패러다임 전환과 긍정적 육아문화 조성방안

연구(Ⅲ): 가정과 지역사회에서의 육아존중문화 조성〉, 2021.

69 _ Nelson et al., 〈The pains and pleasures of parenting: When, why, and how is parenthood associated with more or less well-being?〉, 《Psychological Bulletin》, 2014, 140(3), p.846 – 895.

70 _ Mencarini et al., 〈Life satisfaction favors reproduction. The universal positive effect of life satisfaction on childbearing in contemporary low fertility countries〉, 《PLoS One》, 2018, 13(12).

71 _ 한국청소년정책연구원, 〈2023 청소년 가치관 조사 연구〉, 2023.

북저널리즘 인사이드　　　철들지 않은 부모,
　　　　　　　　　　　　그 위의 그림자

젊은 세대는 자라지 않을 것만 같다. 기성세대를 중심으로 돌아가는 세상에서 젊은 세대는 현명한 적이 없었다. 언제나 이상했고, 이해하기 어려운 존재였다. 그들이 무언가를 케어하고, 돌보고, 결과물을 낸다는 것 자체가 이상하게 들리는 이유다. 지금껏 젊은 세대는 돌봄받아야 할 존재였지, 돌보는 존재는 아니었다. 그래서인지 지금의 MZ세대는 사회의 골칫거리로 평가받아 왔다. 쉽없이 이직하는 존재, 자기 자신밖에 모르는 존재로 말이다. 최근 겹친 일련의 학부모 사건들은 '자기중심적 MZ세대'라는 서사에 힘을 보탰다.

실제 MZ 부모들의 생활상은 어떨까. 매번 아이에게 최고의 경험을 선사하기 위해 고군분투하고 있고, 자기 자신의 삶과 더해 가족의 삶을 유지하기 위해 최고의 방법을 찾아 나선다. 논란의 중심에 선 '쉐어런팅'과 인기를 끄는 육아 플랫폼, 살림을 도맡아 해주는 서비스의 등장이 이를 방증한다. 저출산 시대에 아이를 낳아 기르는 MZ 부모들에게는 유사한 페인포인트가 있다. 모두가 짐작할 수 있는 양육비와 교육비, 돌봄 문제만이 다가 아니다. 육아 과정에서 느끼는 외로움과 스트레스, 가족을 위해 자신의 삶을 양보해야 한다는 딜레마 등이 그렇다.

이런 죄책감과 압박감에도 그림자처럼 드리운 이유가 있다. 지금이, 좋은 부모만 돼서는 살아남을 수 없는 시대이기 때문이다. 요즘 부모는 좋은 부모 노릇은 물론, 좋은 어른으로서, 사회인으로서 살아남아야 한다. 사회는 이 소망과 점차 더 멀어지는 중이다. 맞벌이가 선택이 아닌 필수처럼 자리 잡은 지금, 그 불가능한 꿈을 좇기는 더더욱 어려워지고 있는 탓이다.

그래서 지금 살펴야 하는 것은 MZ세대가 포기한 경제적 비용만이 아니다. 저출산의 이면, 그리고 요즘 부모가 느끼는 스트레스와 압박감의 이면에는 심리적 기회비용이 있다. 저출산이 심각한 상황에서도 유아 프리미엄 용품의 인기는 여전하다. 국내 아동용 의류 시장은 8.6퍼센트 성장해 2조 4488억 원을 기록했고, 아동 신발 시장 역시 14.7퍼센트 성장한 4548억 원으로 집계됐다. 평균 출생률 0.72명인 나라에서 아동 용품 시장이 성장하는 건 어불성설 같다. 젊은 세대는 돈 때문에 아이를 낳지 않고, 겨우 부모가 된 이들도 통장 잔고를 걱정한다. 그런데도 부모들은 더 많은 옷과 신발을, 수백만 원을 호가하는 유모차를, 어린이의 입맛과 권장 영양 섭취량에 맞춘 라면을 포기할 수 없다. 단순한 허세가 아니다. 육아하기 어려운 요즘 상황에서도 가장 최선의 길을 찾아 나선, 요즘 세대, 요즘 부모의 선택지다.

현재 정부의 정책은 대부분 돌봄과 교육비 등 경제적 비용을 줄이는 데만 치중하고 있다. 그러나 죄책감을 느끼는 부모가 되어야 하는 상황 위에서는 출산이 가장 좋은 선택지, 매력적인 선택지가 되기 어렵다. 완벽한 부모가 되어야 한다는 신념, 자기 자신을 그럼에도 포기해선 안 된다는 믿음 위에서 요즘 부모는 말라가고 있다. 그런 요즘 부모를 읽어야만 저출산 문제의 해결 방법이 보인다.

MZ세대이자 요즘 부모인 저자는 회의 자리에서 '왜 아직도 이런 책이 나오지 않았는지 의문'이라고 말했다. MZ세대이면서, 부모가 아닌 나도 마찬가지였다. 우리 사회는 지금껏 MZ세대를 무수히 많이 말해 왔지만, 아직도 MZ세대를 제대로 이해하지 못하고 있다. 부모가 된 그들의 모습, 그들의 속내에서 우리는 미래를 위한 해결책의 단서를 찾아 나설 수 있을 것이다.

김혜림 에디터